黄小娥
Ko Shoga

黄小娥の易入門

サンマーク出版

はじめに

人生には波があります。いままで、人一倍元気だった人が、ふいに重い病になることがあります。長いあいだ、貧しい生活をしていた人が、目がさめたらお金持ちになっていたということがあります。ちょうど、経済の流れに、景気・不景気があるように、この人の世にも、よい時と、悪い時があるのです。

もしも、あなたが波の底に沈んだとき、もがけばもがくほど、くたくたになって、海の底に呑《の》まれてしまいます。こういうときには、一枚の板にでも身をまかせ、呼吸《いき》をととのえ、力をたくわえて待てば、こんどは大きな波に乗ることもできます。「易《えき》」とは、そのつぎにやってくる波を、まえもって予知する術です。

三千年まえ、中国の人びとは、貴重な人生の体験をあつめて、人生の可能性を六十四のタイプに分けました。それが『易経《えききょう》』です。当時の人びとは、これを「さて、どうしたらよいか」と、思案に暮れたときの道しるべとして、未来を占《うらな》うよりどころとしました。つまり、人びとは、『易経』にしたがって、決断し、行動したのです。

それならば、「易」は現代生活とは関係のないものでしょうか。わたくしがこの本を書いた動機も、これに答えるためです。たとえ文明が発達し、テレビや自動車が行きわたっても、人間の知恵や考え方は、そう簡単に変わるものではありません。だから、この本は、三千年まえの人間の深い知恵を、現代の日本の生活の中に生かして、あなたが、思いのままに活用できるようにと苦心したわけです。

この本は、プロフェッショナルな易者さんのために書いたものではありません。「易」など、これまでちっとも縁のなかったような、ズブの素人《しろうと》の方々のために書きました。だから、むずかしい道具も使わないで、ひとりで占えるような、ごく簡単な方法を用いました。といって、「易」の本質を失わず、しかも、すぐ毎日の生活に役立つ本にしたつもりです。

この本を、あなたの人生の相談役として、自由自在に使ってください。恋愛、結婚、健康、仕事、なんでもズバリ正確に答えてくれるでしょう。ともかく、わたくしにだまされたと思って、ひとつ占ってみてごらんなさい。

昭和三十六年　十二月

黄小娥《こうしょうが》

黄小娥の易入門

目次

3 六枚の銅貨で、あなたの運命がわかる　32

Ⅱ　あなたの未来を知る方法　53

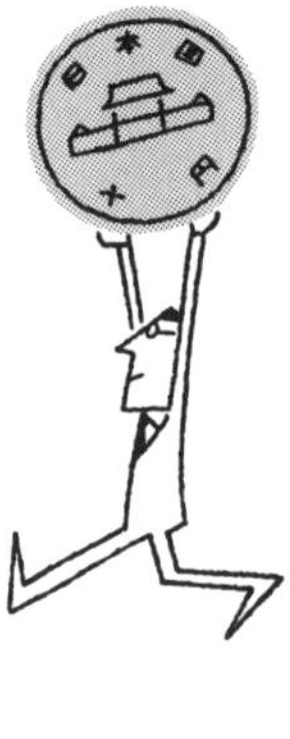

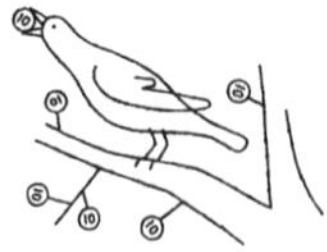

装幀　坂川事務所
イラスト　平田利之

I

現代に生きる古代中国の知恵

1 あなた自身でできる占い

たよれるものは自分だけである

わたくしたちは人間です。かすみや雲を食べて生きているわけではありません。仙人《せんにん》でも神さまでもないのです。

ですから、欲望があるのもあたりまえでしょう。日常の生活は、いちおう常識と理性でバランスをとって暮らしていますが、心の中ではたえず夢をもち、いつそれが現実の幸福となって、自分におとずれてくるかということを知りたいのです。逆にいうなら、自分は絶対不幸になりたくない、絶対に損をしたくない、精神面でも物質面でも、人一倍のとくをしたいと思う人間ほど、自分の将来が知りたいものです。

たとえばあなたが、なにか新しい事業なり行動を起こすとき、いちばんたいせつなものは、良友なり、いい先輩なり、現代感覚を身につけた人の助言でしょう。

しかし、そういう助言者は、求めても得られないことがあります。その場合、あなたはなぜ、あなた自身の心の中に眠っている予知本能を呼び起こし、正しい理性によって、自分で自分の将来を読みとろうとなさらないのですか。この世の中で、最後までたよれるものは、自分ひとりしかないのです。

わたくしはよく、「せっかく高いお金を出して○○先生に占ってもらったのに、ちっとも当たりませんし、かえって運が悪くなりました」というような話を聞くことがあります。

わたくしは、そういうときには、「あなたは高等教育まで受けた方でしょう。それなのに、なぜ、もっと自分を信頼なさらないのですか。少なくとも、自分のことを見る目だけでも、身におつけにならないのですか?」と逆におたずねするのです。

たしかに、専門の占い者の中には、どうかと思われる人もいるようです。画家の岡本太郎《おかもとたろう》氏のお話を、よそからお聞きしたところでは、パリではベレー帽をかぶって、ボヘミアン・ネクタイをしている画家は、たいてい絵がうまくないそうです。それと同様、髪をのばしたり、ひげをはやしたり、紋付きを着たりしているからといって、占いがうまいとはかぎりません。

東西の別なく、外見で人を威圧しようとする人は、とかく内面が空虚になりがちなものなのです。もちろん、専門家の中には、名人上手といわれる方も、たくさんおります。しかし、そういう名人を捜し出すことも、なかなかたいへんなことです。それよりも、あなた自身が、冷静に、ご自分のことを占ったらどうでしょう。

人生のエラーを少なくする法

「占い」という言葉は、「裏に通じて表にあらわれていない」心を読みとることから出たのだと、いわれています。ひとくちにいえば、未来を知る術です。

むかしから、「一寸《いっすん》先は闇《やみ》」ということわざもありますが、一時間先、一日先、ひと月先、一年先のことは、ふつうの方法ではわからないのがあたりまえです。もちろん、ふつうの生活を続けているかぎり、近い将来のことは、ある程度、常識的に理解できます。

しかし、人間の一生には、そのような常識や理屈だけでは決めきれないような、微妙な時があります。たとえば、あなた方は、ご自分の過去をふりかえって、いままでどんな瞬間にも、どのような行動をしたらいいか、一度も迷いを感じなかったといいきれるでしょうか。

そういうことをいいきれるのは、聖人に近いほどの英雄か、それとも白痴《はくち》に近い人間ではないでしょうか。わたくしたち平凡な人間は、いつも迷って失敗をします。ただ野球にはエラーはつきものですし、エラーの少ないほうが勝つといわれているように、できるだけ、人生の場面場面で、エラーを少なくしていくことが、幸福への道、成功への道であることを、わたくしは信じて疑いません。

あなたの中の予知本能を使う

動物には、予知本能といわれるものがあります。たとえば、船が沈むときには、そのまえに船艙《せんそう》のねずみがいなくなるという話があります。

また、わたくしも、こどものころに経験していますが、むかしの土蔵には、ねずみを食料としている蛇《へび》がよく住んでいたものです。その蛇がいなくなると、火事が起こるということは、よくいわれていましたが、これは実際、わたくしにもおぼえのあることです。

このように、動物には、自然に身に迫ってくる危険を悟って、その難をのがれようとする本能があるものです。人間にも、これは生まれつきそなわっている本能ですが、ふつうの世界では、あまり必要がないために、つい退化、摩滅してしまったのです。

しかし、その予知本能は、たとえば戦争などのような場合、いままでの理屈や常識は、まったく役に立たなくなったときにあらわれてきます。

この前の戦争（太平洋戦争）の場合を考えてみましょう。銃後の生活もそうでしたが、戦場での防空壕の起居は、原始時代の穴居《けっきょ》生活と、ほとんどなんのかわりもありません。

いかに機械文明の世界でも、こういう環境に追いこまれれば、人間は原始人のような心境になってきます。極端にいえば、動物の雌《めす》と雄《おす》のようなものです。食欲、満たされない欲望に対する単純な性意識、自分から守ろうとする自衛本能、それしかないといっていいのです。

わたくしは、あの戦争で、九死に一生を得たという方にもずいぶんお会いしました。そういう方の大半は、いわゆる「虫の知らせ」というような微妙な感覚で、微妙な瞬間に、難をのがれておられます。

こういう原始的な環境で、たえず生死のあいだをさまよっているうちに、人間がいままで眠っていた予知本能をめざめさせることは、少しもふしぎではありません。そういう人のお話では、戦友のだれかが死ぬときにも、予想ができたということです。これはそういう予知本能が、他人の運命にまで働くようになったのだといえるでしょう。この予知本能を平時の場合に活用させるのが占いです。

占いは常識を忘れてはならない

しかし、こういう感覚だけにたよりすぎるのは、ある意味ではたいへん危険です。

なにかの事業で、こどものときから長年経験を積んだ人が、その面で、鋭い感覚だけで、ずばりと判断をくだし、的中させることはよくありますが、ただこういう感覚的判断は、ときにはとんでもない失敗をまねくこともあります。視野がせまくなりすぎて、新しい情勢の変化に対処できないためでしょう。

それに対して、大学を卒業して事業に入ったような人は、最初はなかなか急所に的中しなくても、それほど目標をはずすこともないものです。それは教育によって、常識、教養というものを、いちおう身につけているせいでしょう。こういう人は、いつのまにか、じわじわ絞るようにして、核心に迫っていけるものです。

占いというものは、予知本能を中心とした感覚にたよることが多いのですが、常識、経験の世界から、大きく踏みはずしてはいけないのです。
九割何分までは、常識でおしつめて、それでどうしても解決できない未知の世界を、判断しようというのが、本来の占いの使命なのです。

右か左か、人生の分かれ道

2

易占いは人生の波を教える

占いの中の二つの大道――相と易

現在、わが国では数多くの占いが行われています。易占《えきうらな》い、四柱推命学《しちゅうすいめいがく》、姓名判断、九星術《きゅうせいじゅつ》、天文術《てんもんじゅつ》、手相、人相、家相《かそう》、墨色《すみいろ》判断など、その全部を並べたててもしかたはありませんが、その中で、相学と易占いは、占いの中の二つの大道とされています。

相学は、また人相とか手相とか、こまかく分かれていますけれども、要するに、形にあらわれたものから、運命を読みとろうとする方法です。これは、人類何千年の経験的な知恵の集積です。顔なり手なりにあらわれている特徴の違いから見た比較論です。そこには、統計的な真理があり、確率の法則が適用できるのです。

たとえば、人に対して、にこやかな顔で接すれば、人は好感をもつでしょう。キンキン声でものをいうより、おだやかにやさしく話したほうが、人は親しみをおぼえるでしょう。荒っぽく急ぎ足で歩くより、落ち着いてゆっくり歩くほうが、人はあなたに対して、信頼と信用をますでしょう。

このように、相学から運命を予言することも、たいへん興味のある問題ですが、この本では、もっと深い占いである「易占い」だけに絞ります。

『易経』と易占い

易占いは、原文がむずかしい漢文のために、いままで一般の人には占えないものとされていました。このむずかしい原文こそ、聖典といわれる『易経《えききょう》』です。そして、『易経』の教えにしたがって、占いをすることが「易占い」なのです。

そして、この易占いは、むかしから占いの中の王道といわれ、帝王の学といわれてきました。東洋流の占いで、信頼できるものはたいてい、この「易占い」から分かれて発達したものなのです。

それでは易占いは、どのようにしてつくられてきたのでしょうか。人類文明の発祥地《はっしょうち》は、エジプトのナイル川付近、中東のチグリス・ユーフラテス河畔《かはん》、インドのインダス川流域、中国の黄河流域というのが定説です。しかし、こういう四つの地方に、文明が定着する以前、人類は、高原地区に水や草を求めつつ、遊牧の生活をおくっていたろうということも、人類学の上では、ほぼ定説になっています。

易占いの最古の原型は、「連山易《れんざんえき》」というものです。これは中国の人びとが山に穴居生活をいとなみ、狩猟によって生活していたころの占いです。

それから時代が下がって、漢民族の祖先が黄河のほとりで、農耕生活をはじめたころには「帰蔵易《きぞうえき》」というものができました。

この二つの原型は、あったということはわかっていますが、今日ではその内容は伝わっていません。現在までのこっているものは、約三千年前に完成されたといわれる「周易《しゅうえき》」です。現在、「易」といえば、この「周易」のことなのです。それは、この時代に、中国で、文字というものの体系が完成し、一般に用いられるようになったために、後世に伝えることができたのでしょう。

そのころ、中国の帝王は、天災地変《てんさいちへん》、飢饉《ききん》、戦乱などの災害から、民衆をいかに守るかということを、最大の政策としていたのです。その中には、避けられないものもありますが、たとえば治水工事によって、川の氾濫《はんらん》を防ぐとか、「万里《ばんり》の長城」を築いて異民族の侵入を防ぐとか、当時なりに最善の手段はつくしていたのです。「周易」はそのための予知手段、つまり、天変地異を予言する術として発達したわけです。

このように周から現在まで三千年ものあいだ、周易が帝王の学として尊ばれたのも、この教えが天地自然の理法にかなない、経験の集積によってできた一つの学問で、個人の場合は保身術となり、君主の場合は、天下を治める政策をつくり出す源泉だったからだといえるでしょう。

ところで「易」という字はどこから生まれたのでしょう。

これには、三つの説があります。

「日」に「月」を組み合わせたものだというのが第一の「日月説」です。あとで説明いたしますが、易占いは陽《よう》と陰《いん》との組み合わせから、あらゆる現象を説明しようとする一つの体系です。昼の陽をあらわす太陽、夜の陰をあらわす月、この二つの象徴から一つの文字をつくりあげたというのは、うなずける考え方です。

第二の説は、「トカゲ説」で、トカゲの象徴だという説です。易という字がトカゲのように見えませんか。

トカゲの一種のカメレオンは、保護色をもつ動物で、一日に十二回も体の色を変えるといわれています。易は、物の変化をしめすのが一つの機能ですから、この見方もうなずけます。英語で「易」をchange（チェンジ）と呼んでいるのは、この説をとったのでしょう。

第三の説は「観測説」です。「日」をあおいで、「なになにする勿《なか》れ」ということから、「日」と「勿」との組み合わせといわれています。

「易」という文字にも奥深さが……

つまり、人間が朝、空をあおいで、天気の模様から、その日の行動を判断、決断するというところから生じた文字というのです。

この三つの説は、どれでもかまいませんが、「易」という文字は、また、「やすい」とも読まれます。それは人生の行路が、安らかであるように、また危険を避けて暮らしやすいように——という人間の念願をあらわしているのでしょう。

満開の花に冬の枯木を見る術

それでは、この易占いが、いままであやまられ、軽蔑《けいべつ》されてきた原因はどこにあったでしょうか。

一つには、いままで易占いをする人びとが、「論語《ろんご》読みの論語知らず」というたとえのように、ほんとうの『易経』を理解できなかったせいもありましょう。また、これを実際の占いに用いる場合には、よく街頭でみかける筮竹《ぜいちく》を用いるので、人相や手相とちがって、なにか神秘的で、信憑性《しんぴょうせい》をもたないように思われる傾向があったかもしれません。

しかし、仏教にも『般若心経《はんにゃしんぎょう》』に「色即是空《しきそくぜくう》、空即是色《くうそくぜしき》」という言葉があります。木々の冬芽を割ってみても、そこには花はありません。また満開の花を見たときには、冬の枯木は想像できないでしょう。これは天体の運行、四季の推移によって、自然に起こる流転《るてん》ですが、これをひとくちにいうのなら、「天の時」といえましょう。時に会えばこそ、美しい花も開き、緑の葉も生じるのです。

易占いというものは、ある意味で天の時を予見する技術です。真冬に満開の花を見いだし、花の盛りに、枯木のわびしさをおしはかる技術といえるでしょう。花を見て、枯木を語れば、人はいぶかしがるでしょう。

英国の詩人、シェリーの『春に』という詩の中に、「冬きたりなば春遠からじ」という名言がありますが、わたくしはこの言葉の中に、西洋と東洋の差別のない、人間本来の姿を見いだします。

歴史は栄枯盛衰のくり返しである

『平家物語《へいけものがたり》』の巻頭にも、人生の流転の姿をうたっていますが、この中に描きだされた源平闘争の歴史ほど、わたくしどもに、栄枯盛衰《えいこせいすい》の姿を教えてくれるものはありません。かつては、その勢力もほとんど拮抗《きっこう》していた源平両氏でした。それが英雄平清盛《たいらのきよもり》が出現してからというものは、源氏《げんじ》は内部崩壊を起こし、最後には、「平家にあらざるものは、

人にあらず」といわれるようになってきました。平清盛は厳島《いつくしま》で、沈む太陽を扇でまね
き返したとさえいわれます。これは清盛の勢威をたたえた誇張でしょうけれども、だれが
このとき、後年の壇《だん》ノ浦《うら》の悲劇を想像できたでしょう。

また、平治《へいじ》の合戦《かっせん》で捕えられた源 頼朝《みなもとのよりとも》が、あやうい命を救われて、伊豆《いず》の蛭ケ小島《ひるがこじま》に流されたとき、だれが鎌倉《かまくら》幕府のことを予想したでしょう。しかし、文覚上人《もんがくしょうにん》は、伊豆の配所で頼朝を見たとき、この人は天下人だと予言したといわれます。おそらく、頼朝には、天下を統一するだけの覇気《はき》がみなぎっていたのでしょう。ただ、そのような英雄でも、天の時に会わなければ、自分の力を発揮することはできなかったのです。

これは、人間生活に働く「天の時」の力のよい例ではありませんか。このように、一国でも、一種族でも、一個人でも、つねに、栄枯盛衰はくり返されるのです。ふつうの人間には、もちろん英雄の一生ほどの浮き沈みはありません。ただ波の幅は小さくても、かならずそのような変化は起こっているものなのです。

こうして、時々刻々に移り流れる自然人生の姿を、出現するまえにとらえるのが、易占いの本質なのです。

易占いは近眼の人の眼鏡である

人生には、山あり川あり、いくつかの起伏《きふく》があるものです。はるかかなたの山は見えても、つい目先のぬかるみに気がつかないこともあるでしょう。

占いというものは、あなたに見えない小さなぬかるみでも、教えることができるものです。そのぬかるみを動かすことができなくても、自分が足をよごさずにすませれば、それでいいわけでしょう。その忠告を聞き入れるか、実行するかは、その人の考え一つですが……。

人生には、波があるといわれています。たしかにあります。人によって激浪に会う人もあり、小さなおだやかな波にしか会わない幸福な人もあります。もし、あなたが波の底に沈んだときには、もがけばもがくほど、力を消耗し、海の底に呑《の》まれてしまいやすいものです。もし、このとき、板子一枚、ほんの少しでも、あなたをささえてくれるものがあれば、軽く身をまかせ、呼吸をととのえ、力をたくわえて待てば、つぎの大きな波に乗ることもできます。非運のときに、あまり力を消耗させずにおけば、かえって、つぎのチャンスには、大きくのびることができるものです。

眼鏡を替えれば……視界すっきり！

易占いの役割は、考え方によっては、波の底の板子にたとえることもできるでしょう。また、易占いというものを、あまり重大に考えなくても、手近なところで一歩でも二歩でも先が見えるということは、とても楽しいものではありませんか。たとえば、近眼の人が、眼鏡をかければ物がはっきり見えるようなものです。また肉眼で見えない細菌でも、顕微鏡を使えば、はっきり、その形が見きわめられるようなものです。

現代の人生に生かした易占い

易占いが正しい技術であればこそ、正しい学び方が必要なのです。この本は、いままである意味ではゆがめられ、ある意味では敬遠されている易占いを、できるだけ現代の人生の中に生かし、わかりやすく解説したものです。

常識も教養もおありのあなたが、これを素直にお読みになれば、もう人に占ってもらう必要はないはずです。もちろん、人間である以上、完全は求められません。まして最初から百パーセントの的中率は得られません。しかし、努力を惜しまず、習練を続けているうちには、その的中率も六十パーセント、七十パーセント、七十五パーセントというように、かならず上がっていくものです。

3 六枚の銅貨で、あなたの運命がわかる

この本を使ううえでの五つの注意

まず第一に、問題の枠《わく》を絞ることです。ばくぜんと「自分の一生の運勢」などという見方はおよしなさい。これは専門家でさえ、正確には見られる問題ではありません。できるだけ手近な問題を、具体的に設定することです。

たとえば、恋愛にしても、「わたくしは男性にもてるかしら」という問題はだめです。「わたくしは山田一郎さんと結婚できるかしら」というところまで、問題を絞ってかかることです。

第二は、同じ絞り方でも、「右に行ったらいいか。左のほうがいいか」という見方も困ります。「右へ行ったら、どうなるでしょうか」という角度に絞って、解答を求めてください。

もし、この場合に、あなたの希望するような答えが出なくても、けっして失望なさることはありません。こんどは、「左へ行ったら、どうなるでしょうか」と占いなおしてみる

のです。

もし、そのどちらもだめだとしても、あせることはありません。まだ、天の時が来ていないのだと考えて、ゆっくりチャンスを待つことです。

第三に、答えの見方です。あなたの問いに、この本は正確に答えてくれるでしょう。しかし、問題の立て方によって、答えがはっきりしないこともあります。しかし、これも、習練を積むにしたがって、答えに含まれている意味がわかるようになります。

第四に、未来のどこまで占えるかということです。はじめは、一日先とか、二日先のことを占いましょう。習練を積めば、遠い将来のことが、だんだんわかるようになります。

第五に、これはいちばんたいせつなことですが、自分の心が乱れているときには、占ってはいけません。むかしの剣聖といわれるような人びとは、「剣の極意《ごくい》は、わざでなく、心にある」という意味の言葉をくり返しくり返しいっています。「心乱るれば剣おのずから正しからず」という言葉も、その表現を変えたものにすぎません。

それと同じように、わたくしは、長年の経験から、素直に、正しい心をもって占えば、その占いはかならず当たると断言します。相当に技量《ぎりょう》の進んだ人でも、生活が荒れたり、金もうけのことばかり考えたりしていると、占いはかならずはずれてきます。「心乱るれば、占いもまた正しからず」です。

なお、占いというものは、占おうと思った瞬間に占うことがたいせつです。これを「占機《せんき》」といいますが、これは「戦機」とか「商機」とか「禅機《ぜんき》」とかいう言葉に対応する表現なのです。

易占いとはどういうものか

それでは、易占いとはどういうものなのでしょう。「周易」のつくられる以前、三千年ほどまえのことです。この時代に生まれた中国の人びとの意識に、強烈な印象を与えたものは「天」と「地」でしょう。

高く青くすみきっている大空、自分が足で踏みしめている大地、あらゆる人間にとって、これは人間を産み育ててくれる二つの大きな力と思われたでしょう。

つぎに、彼らが自分たちの周囲を見まわしたとき、まず目にうつったのは「山」だったでしょう。その高さに希望を感じ、そのけわしさに困難を感じたことは、疑いありません。

高い空には雲も浮かび、日も照り、「風」も吹き、「雷」もとどろきます。すみきった空も、ときには暗黒と化して、激しい雨を降らせます。その「水」が川に入り「沢」の流れとなり、ときには湖沼《こしょう》として集結し、いずれは海に流れこみます。

「天」「沢」「火」「雷」「風」「水」「山」「地」とは、
自然と人生を支配する八つの要素

風が激しく吹きすさべば、木々の摩擦《まさつ》によって山火事も起こります。ときには落雷のために、森林が「火」で燃え上がることもあります。

この山火事のあとでは、森も灰となり、大地に溶けこんでいくものです。そしてそこには、いずれまた新しい生命が生まれてきます。

原始人にとって、これが宇宙の神秘であり、自然の法則だと思われたことは、疑う余地もありません。

天《てん》・沢《たく》・火《か》・雷《らい》・風《ふう》・水《すい》・山《さん》・地《ち》

この八つの要素が、自然と人生を支配するもとだと、古代の中国人が考えたのも、当然の感情でしょう。そして、この八つの要素に、しばらくしてから、つぎの文字があてられました。

天　沢　火　雷　風　水　山　地

＝　＝　＝　＝　＝　＝　＝　＝

乾《けん》　兌《だ》　離《り》　震《しん》　巽《そん》　坎《かん》　艮《ごん》　坤《こん》

この右の言葉と左の言葉は、けっきょく同じことです。

つぎに、それぞれの八つの要素に形が象徴として与えられました。それには⚊（陽）と⚋（陰）とが記号として使われました。たとえば「山」をあらわすには、☶という形を使って表現しています。素朴な見方ですが、なんとなく山という感じがします。また「沢」をあらわすには、☱の形を使います。上がくぼんでいて、なんとなく水たまりのような感じがするでしょう。

こうして、この八つの要素は、それぞれ、つぎのように形が決められました。

☰…天＝乾
☱…沢＝兌
☲…火＝離
☳…雷＝震
☴…風＝巽
☵…水＝坎
☶…山＝艮
☷…地＝坤

八つの要素が六十四に変化する

自然はこのように八つに分けられました。これを易学では小成八卦《しょうせいはっけ》といいます。しかし、人生は、もっと複雑です。それで、この八つの要素の二つを上下に組み合わせて、六十四の卦がつくられました。この六十四の卦はそれぞれ名前をもっています。たとえば、上の卦（外卦）が☶（山）で、下の卦（内卦）が☵（水）ならば、その卦は䷃となり、その卦は「山水蒙《さんすいもう》」と名づけられました。

あるいは、上が☰（天）で、下も☰（天）の場合は「乾為天《けんいてん》」と呼ばれました。こうして、六十四卦の一つずつに、それぞれ名称が与えられました。

この六十四の卦にはたくさんの見方があります。たとえば、䷊の形を「地天泰《ちてんたい》」といいます。この場合、まず「泰」という意味からも解釈できます。また上に「地」、下に「天」という自然現象から考えることもできます。さらに「坤」（地）には、たくさんの意味があり、また「乾」（天）にもたくさんの意味があるので、この二つの意味の組み合わせから無数の解釈ができます。

八つの基本にはどんな意味があるか

それでは、この八つの基本形である小成八卦には、それぞれどういう意味があるでしょうか。少し例をあげましょう。しかし、この本を使って占うみなさんは、かならずしも、これを記憶なさる必要はありません。その理由はあとで説明します。

☰乾《けん》（天）

○本来の形　天
○卦の意味　質実剛健、かたい、まるい、白
○人間関係　父親、男子、目上の人、年配の男、老人
○物の形　大川、大平原、神社、高層建築物、金属
○季　節　晩秋〜初冬
○時　刻　午後九時〜十一時
○天　候　晴れ、高温

☱兌《だ》（沢）

○本来の形　沢
○卦の意味　喜び、笑う、おしゃべり、和、小さい、中途挫折、白、黄金色
○人間関係　少女、若い女、女優、友人
○物の形　谷、入れ物、堅い土、口
○季　節　秋
○時　刻　午後九時
○天　候　くもり

☲離《り》（火）

○本来の形　火
○卦の意味　太陽、熱、激しい、明知、美麗、光、目的、目、赤、紫
○人間関係　女性、美人、中女（長女でも末女でもない女性）
○物の形　文書、手紙、帳簿、電気コンロ、アクセサリー、かまど
○季　節　夏
○時　刻　正午

○天　候　晴れ

☳震《しん》（雷）

○本来の形　雷
○卦の意味　奮励、決断、成功、飛ぶ、音、音楽
○人間関係　長男、息子、兄、浮気者、神経質
○物の形　木、竹、車、電話、ドラム、コマ、青、緑
○季　節　春
○時　刻　午前五時
○天　候　晴れ

☴巽《そん》（風）

○本来の形　風
○卦の意味　出入、不決断、におい、物語、長い、ととのう、従う、呼びかける
○人間関係　長女、女性、奥さん、商人
○物の形　草木、種子、家、針、糸、紙、机、細工物、青、緑、白

○季　節　晩春～初夏
○時　刻　午前七時～九時
○天　候　風強く、雨降らず

☵坎《かん》（水）

○本来の形　水
○卦の意味　おちいる、知恵、法律、悩み、困難、障害、多忙、穴、動きまわる、黒
○人間関係　若い男、ずるさ、盗賊、苦労性の人
○物の形　酒、薬、毒、水、血、飲料、泉、車
○季　節　冬
○時　刻　午後十二時
○天　候　雨、雪

☶艮《ごん》（山）

○本来の形　山
○卦の意味　静止、とどまる、頑固、まじめ、独立、拒否

○人間関係　少年、青年
○物の形　家、机、門、丘、城、墓、小道、頭、黄色、土色
○季　節　早春
○時　刻　午前一時～二時
○天　候　くもり

☷坤《こん》（地）

○本来の形　地
○卦の意味　従順、やわらかい、静かな、厚い、虚、謙譲、疑惑、黄色、土色
○人間関係　母親、民衆、身内、妻、目下の人
○物の形　床、布地、田舎、食物
○季　節　晩夏～初秋
○時　刻　午後一時半～四時半
○天　候　くもり、小雨

つまり、この八つの基本形には、このようないろいろの意味があります。これでもまだ、

ほんの一部分をしめしたにすぎません。ほとんど無限といっていいほど拡大できるのです。

六十四卦の見方

さて、六十四卦にはたくさんの見方があることはすでに述べました。この六十四の人生の姿をどう解釈していくか。これが易占いの本質なのです。そこに易占いのむずかしさと、おもしろさがあるわけです。易者に、人生経験、感受性、常識、教養が要求されるのもそのためです。解釈のしかたには、言葉でするものもあれば、形で判読することもあります。裏返しをしてみたり、中間の部分だけで読みとることもあるのです。

それでは、いったい初心者はどうすればいいのでしょうか。六十四卦の見方を、もう一度整理してみましょう。

① あなたがなにを占ったかをよく考える。
② まず卦の全体の意味を理解する。
③ あれも、これもと考えず、問題に対して必要な答えだけをとりあげる。
④ 二つの小成八卦にはたくさんの意味が含まれているが、これは、その問題の性質に応じて、組み合わせの意味を考える。しかし、はじめは、あまり、これを考えない

ほうがよい。というのは、この組み合わせを使うには、きわめて高度の技術と経験が必要だからである。

では、例をひいて説明しましょう。まず「風雷益《ふうらいえき》」が出たとします。この卦の解説（百七十四ページ）を読んでください。あなたの仕事運としてよい運です。公益優先、つまり自分だけの利益でなく、人のためにつくして自分も利を得るために積極的になるときです。では、小成八卦の上と下を別々に考えてみましょう。

下側の「震」は積極的に進む気持ちをしめし、上側の「巽」はこちらを向いて呼びかけている。おたがいに意気投合していると見ます。しかし、この二つだけを取り出すのは、高度の技術がいります。「震」が決断をあらわすのに、「巽」が不決断をあらわし、「震」が音をあらわし、「巽」がにおいをあらわすこともあるからです。

結婚としても、「益」はもちろんよい意味をもった卦です。この場合、「震」には長男、「巽」には長女の意味がありますが、といって、いつでも長男と長女が結婚するとは決まっていません。あなたが「結婚してよいかという問題」に対して答えを求めたとすれば、この「益」の卦の答えは「幸福になる」ということです。

つぎに「火風鼎《かふうてい》」の卦をもう一つ事業運として考えてみましょう（二百一ページ）。卦のもつ全体の意味は、三者鼎立《ていりつ》、トリオ、自分の位が定まる。よい協力者を得るとき、また、みんなで力を合わせて幸運を得るときです。これを小成八卦のもつ意味で考えますと、上側の「離」の火が勢いよく燃え上がるには、内側の「巽」の風と草木が必要です。これはおたがいにもちつもたれつ運をよくしていると見るのです。しかし、この見方はとてもむずかしいのです。また、この場合、「離」が中女で「巽」が長女であっても、事業運の吉凶にはなんの必要もないのですから、考えなくてもよいのです。

このように、小成八卦の組み合わせを解釈するには、一方が「春」、もう一方が「夏」だったりして、なかなかむずかしいのです。結婚を占って、上が少年、下が老人だったら、まったくこっけいなことになってしまいます。

そういうわけで、小成八卦の組み合わせで、問題ごとに解釈していると、「百科事典」ぐらいの本になってしまいます。ですから、この本では、六十四卦のそれぞれのもっている意味を、うんと収縮して、なるべく簡単に説明しました。もちろん、それぞれの卦の根本的な意味は、すべて網羅してあります。はじめて易占いをなさるあなたには、これで十分だと思います。

もっとも簡単な占い方

　正式に易を立てて占うには、筮竹《ぜいちく》で占い、それのしめすところにしたがって算木《さんぎ》を置くことが必要です。この本では、そういう道具を使わずに、しかも正式な判断のできる方法を述べます。しかし、いちおう簡単に正式の方法をお教えしましょう。筮竹を使って占う場合には、いろいろの方法はありますが、その中では「略筮《りゃくぜい》」という方法が、いちばん多く使われています。筮竹は五十本の竹で、長さは二十四センチぐらいから四十五センチぐらいです。まず五十本の筮竹の中から一本をぬき出して、机の上に置き、のこりの四十九本を顔のまえに扇形に開き、息をこらして二つに割ります。

　そして、左手にのこった筮竹に右手から一本を加えます。つぎに一本加わった左手の筮竹を、八つずつ捨てていきます。のこったものは、一から八までの数です。その数が、それぞれ八つの形に対応します。天（一）、沢（二）、火（三）、雷（四）、風（五）、水（六）、山（七）、地（八）というふうにです。たとえば、三つのこったとすれば、☲（火）です。この形を算木を使って机の上に置きます。

　算木とは六本の木片です。一本の木片は、四つの面をもっています。二つの面は━、二

コイン６枚を振って、
下から順番に並べる
たとえば……10円玉なら、
年号のある面が裏(陰)、
日本国・十円と書かれている
面が表(陽)

つの面は⚋となっています。⚊は陽、⚋は陰をあらわすものです。

そうして、もう一度筮竹を使って、同じことをくり返して、こんどは、すでに置かれた算木の上に、二度目の結果を算木を使って置きます。四つのこれば、☳（雷）です。そしてこの卦は、䷶「雷《らい》火《か》豊《ほう》」ということになります。

しかし、この本では、もっと簡単な方法で、やりましょう。お金を六枚用意してください。百円でも五十円でも十円でもかまいません。占おうとする問題だけを考えながら、六枚のお金を手の中で何度か振ってください。そして、目を閉じ、息をこらしてください。それから、一枚ずつ、それをぬき出して、かならず下から上に順番に六枚並べてください。

表を陽⚊、裏を陰⚋と考えます。年号が書いてあるのが裏です。たとえば、表・裏・裏・表・表・裏という順序ならば、䷐となります。こうして六十四卦の一つの形があらわれてきます。そして、つぎの表を見て、あなたの卦の出ているページを捜し、解説を見てください。そこに出ている解説が、あなたの問題に対する解答なのです。

もしも、あなたが六枚のお金を持ちあわせていないときには、一枚のお金を振って、表か裏か、陽か陰かを六回くり返してください。このときも下から積みあげることをお忘れなく。

雷	風	水	山	地
☳	☴	☵	☶	☷
雷《らい》天《てん》大《たい》壮《そう》 （147ページ）	風《ふう》天《てん》小《しよう》畜《ちく》 （78ページ）	水《すい》天《てん》需《じゅ》 （66ページ）	山《さん》天《てん》大《たい》畜《ちく》 （125ページ）	地《ち》天《てん》泰《たい》 （83ページ）
雷《らい》沢《たく》帰《き》妹《まい》 （211ページ）	風《ふう》沢《たく》中《ちゅう》孚《ふ》 （232ページ）	水《すい》沢《たく》節《せつ》 （228ページ）	山《さん》沢《たく》損《そん》 （171ページ）	地《ち》沢《たく》臨《りん》 （105ページ）
雷《らい》火《か》豊《ほう》 （213ページ）	風《ふう》火《か》家《か》人《じん》 （158ページ）	水《すい》火《か》既《き》済《さい》 （237ページ）	山《さん》火《か》賁《ひ》 （113ページ）	地《ち》火《か》明《みん》夷《い》 （153ページ）
震《しん》為《い》雷《らい》 （203ページ）	風《ふう》雷《らい》益《えき》 （174ページ）	水《すい》雷《らい》屯《ちゅん》 （59ページ）	山《さん》雷《らい》頤《い》 （129ページ）	地《ち》雷《らい》復《ふく》 （119ページ）
雷《らい》風《ふう》恒《こう》 （142ページ）	巽《そん》為《い》風《ふう》 （219ページ）	水《すい》風《ふう》井《ぜい》 （195ページ）	山《さん》風《ぷう》蠱《こ》 （102ページ）	地《ち》風《ふう》升《しよう》 （187ページ）
雷《らい》水《すい》解《かい》 （168ページ）	風《ふう》水《すい》渙《かん》 （226ページ）	坎《かん》為《い》水《すい》 （134ページ）	山《さん》水《すい》蒙《もう》 （62ページ）	地《ち》水《すい》師《し》 （72ページ）
雷《らい》山《ざん》小《しよう》過《か》 （235ページ）	風《ふう》山《ざん》漸《ぜん》 （208ページ）	水《すい》山《ざん》蹇《けん》 （164ページ）	艮《ごん》為《い》山《さん》 （206ページ）	地《ち》山《ざん》謙《けん》 （93ページ）
雷《らい》地《ち》予《よ》 （96ページ）	風《ふう》地《ち》観《かん》 （107ページ）	水《すい》地《ち》比《ひ》 （75ページ）	山《さん》地《ち》剝《はく》 （116ページ）	坤《こん》為《い》地《ち》 （57ページ）

上の卦 ／ 下の卦		天 ☰	沢 ☱	火 ☲
天	☰	乾《けん》為《い》天《てん》（54ページ）	沢《たく》天《てん》夬《かい》（177ページ）	火《か》天《てん》大《たい》有《ゆう》（91ページ）
沢	☱	天《てん》沢《たく》履《り》（81ページ）	兌《だ》為《い》沢《たく》（222ページ）	火《か》沢《たく》睽《けい》（162ページ）
火	☲	天《てん》火《か》同《どう》人《じん》（88ページ）	沢《たく》火《か》革《かく》（198ページ）	離《り》為《い》火《か》（137ページ）
雷	☳	天《てん》雷《らい》无《ぶ》妄《もう》（122ページ）	沢《たく》雷《らい》随《ずい》（99ページ）	火《か》雷《らい》噬《ぜい》嗑《こう》（110ページ）
風	☴	天《てん》風《ぷう》姤《こう》（182ページ）	沢《たく》風《ふう》大《たい》過《か》（132ページ）	火《か》風《ふう》鼎《てい》（201ページ）
水	☵	天《てん》水《すい》訟《しょう》（69ページ）	沢《たく》水《すい》困《こん》（191ページ）	火《か》水《すい》未《び》済《さい》（239ページ）
山	☶	天《てん》山《ざん》遯《とん》（144ページ）	沢《たく》山《ざん》咸《かん》（140ページ）	火《か》山《ざん》旅《りょ》（216ページ）
地	☷	天《てん》地《ち》否《ひ》（85ページ）	沢《たく》地《ち》萃《すい》（184ページ）	火《か》地《ち》晋《しん》（150ページ）

コインを使った易のたて方

表　　　裏

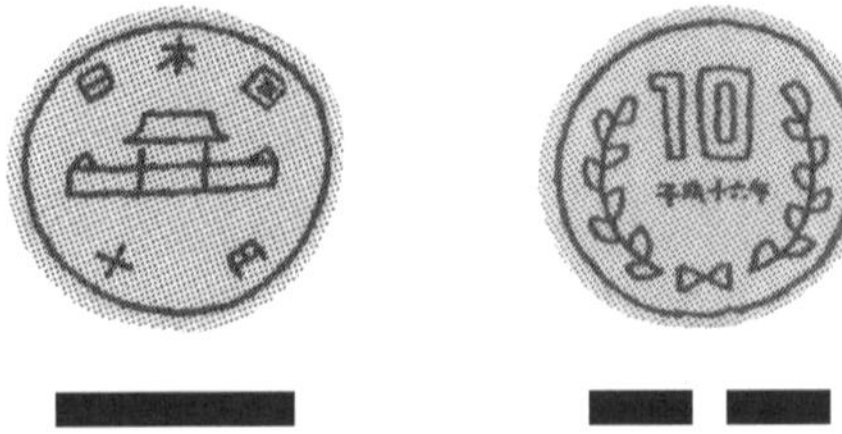

①コインを六枚用意してください。
（百円、五十円でもかまいません）
②占おうとする問題だけを考えながら、
六枚を手の中で何度か振ってください。
③一枚ずつ、かならず下から順番に六枚を
並べてください。

たとえば上から見て……

表・裏・裏・表・表・裏
ならば、
山《さん》風《ぷう》蠱《こ》
（102ページ）　となります。

II

あなたの未来を知る方法

1 登りすぎた竜（乾為天《けんいてん》）

この卦《け》の形を見ただけでも、全部が陽だということはおわかりでしょう。陽は男性の象徴です。『易経《えききょう》』では、この卦を力にあふれた竜《りゅう》にたとえています。

この卦は、「登りすぎた竜はくだるしかない」ということをしめします。位負けというところですね。ですから、この卦が出たときには、万事にあせってはいけません。じっくりと時の来るのを待ちましょう。

また、この卦はだいたい男性の壮年期、つまり登りつめた年齢の意味があります。だから、社会的な立場からいっても、責任が重いし、仕事も手いっぱいやっている年ごろなのです。外での毎日が、かなり緊張の連続であるうえに、くつろぐべき家庭に帰っても、家族の生活の責任を考えねばならないのは中年の男性としてのつらさでしょう。また、緊張だけで実収入を伴わないところが、この卦の欠点です。

あなたが男性ならば、おきのどくですが、浮気どころではないのです。まず仕事に精を

登りすぎた竜は、どこへ行く？

出すこと――いや、実際に、もう忙しすぎて、それどころではないかもしれません。あなたが女性ならば、典型的なM型（男性的気質）です。忙しくて、外ばかりとび歩いていて、家庭に落ち着けない人です。

この卦はまた、「堅い」という意味があります。役所関係、法律関係、試験などには、たいへんいい卦です。

＊

田宮謙次郎《たみやけんじろう》選手（阪神タイガースの黄金期をささえた強打者）が、昭和三十四年、阪神から大毎（現・千葉ロッテマリーンズ）に移ってから、まもないころのことでした。そのころの田宮選手は、ひどく不調で、周囲の人から心配されていたのでした。

わたくしは、あるスポーツ記者の依頼で、占いました。すると、この「乾為天」の卦が出ました。これは「登りすぎた竜」で、現在は、緊張の極です。彼は前年度、すばらしい成績をのこして移籍したばかりです。精神が不安定だし、周囲の人となじんでいない状態です。「しばらく見ていてごらんなさい。周囲に慣れるにしたがって、すばらしい力を発揮できるのも、まぢかです」。

その後しばらくして、彼はスランプ状態から抜け出し、好成績をあげました。

2 おとなしい牝馬（坤為地《こんいち》）

形を見ると、全部が陰になっているでしょう。陰は女性の象徴です。牝馬《めうま》のようにおとなしく自分の道を守っていれば、まもなく道が開けるのです。こういうときは、万事ひかえ目に、先を争わないほうがいいのです。満員のバスを一台見送れば、つぎにはすいたバスがやってくるということになるのです。この卦は、まえの卦が男性の壮年期をあらわすのと反対に、典型的に女性の従順さをあらわします。

女性というものは、その外見はともあれ、心底では自分が従順につかえる男性を求めているのです。慈悲深い心豊かな父親を愛し、信頼できる夫を求め、力強いたくましい息子に希望をたくしているのです。この卦は女性の従順になりたいという無意識の欲求をあらわします。

だからすべて、年長者の意見にしたがい、その教えを守ることが大事です。人に使われたり、命令を受けて行動するほうがよいのです。結婚は、おたがいに見通しがつかず、気迷いの多いときです。どちらもなよなよと積極性を欠いているからです。まず年長者に意見をきくといいでしょう。

あなたが男性ならば、まじめですが、内向的で、少したよりにならないところがあります。女性ホルモンが多すぎるのです。あなたが女性ならば、やさしい世話女房で、こどもにいい母親になれる人です。

*

京都に本社をもっている貿易会社の社長さんが、新しく社員を採用するときに、相談にみえたことがあります。

そのとき、候補者のひとりを占って、この卦が出ました。

「この人は、ひじょうにおとなしくて、かげひなたのない人ですが、外交にはむきません。地味で内向的な仕事、たとえば倉庫係とか、返品係とかには適当でしょう」

この社長さんは、わたくしのいうとおりになさいましたが、やはり、かなりの成績をあげるようになったそうです。

3

雪の中の若芽（水雷屯《すいらいちゅん》）

「屯《ちゅん》」は「たむろする」と読みます。また物が伸び悩んでいる形です。六十四卦の中には「四大難卦」というのがありますが、これはその中の一つです。はっきりいって、あまりよい卦ではありません。

しかし、この卦は、悩みの中にあっても希望をもって時を待つ、という意味があります。雪の中で、草木の芽が雪どけを待っているようなものです。だから、こういうときに、あわてて先を急ぐと、せっかくの芽が晩霜《ばんそう》とか、残雪とかにあって、一巻の終わりとなります。いますぐ進むべきときではないという教えなのです。

たとえば、会社でいうなら、創立早々という時期です。このときには、まず信頼のできる部下を、部課長として、各部に配し、社内の整備にあたることがたいせつです。あせって仕事を進めれば、大敗をまねく結果となるでしょう。

この卦のときには、大きな目的や希望があっても、周囲の状況がすべて不利なときなので、思うように進めませんが、けっして希望を捨ててはいけません。あなたの計画そのものは、けっしてまちがってはいないのです。ただ、こういうときに、ひとりでことを起こすと、四方八方から攻撃を受け、ふくろだたきになりますから、後輩や友人の協力を求め、自我を出してはいけないということです。

とにかく多事多難のときですが、目先、半年間だけ、忍耐努力すれば、この悩みが解けて、かならず好転のチャンスをつかめましょう。早ければ四カ月目あたりに希望が出てきます。結婚を占った場合、これは、ゆきなやむ意味ですから、いますぐ結婚はできません。しかし四カ月から半年ほど待てば、その人とゴール・インできるでしょう。

*

昭和三十六年四月第一週号のある週刊誌で、ミッキー・カーチスさん（音楽プロデューサー、歌手、俳優。昭和三十三年、第一回ウェスタンカーニバルでデビュー。ロカビリー歌手として爆発的なブームを呼び、人気を博した）の運勢を占いました。このとき出たのがこの「水雷屯」でした。

なるほど彼は現在は悩みの中にあります。しかし、この卦は、雪の中で草木の芽が雪どけを待っているようなものですから、希望をもち続けながら、じっと淡雪《あわゆき》のとけるのを待っている状態です。

ゴール・インは、まだまだおあずけ？

「屯」は、自分のほうに進む意志があっても、先方が身動きのとれない困却の中にあるのですから、暖かくなって、おたがいの心がはっきりと割り切れるまで、待つよりほかにしかたのないときです。

「今年は精神面の試練の年であり、多事多難のときですが、目先、四カ月から半年間だけ忍耐努力すれば、好転のチャンスがつかめます」と申しました。

　占った日は、三月五日でした。彼が芳村《よしむら》真《ま》理《り》さん（ファッションモデルとして活躍していたが、昭和三十四年に「霧ある情事」で映画デビュー。その後、数々のテレビ番組で女性司会者として活躍する）と、急激に親密の度を加えたのは、八月でした。

4 暗い家に住むこども（山水蒙《さんすいもう》）

「蒙《もう》」は、若すぎるとか、見定めがたい、ぼんやりしたという意味です。また「蒙」の字をごらんになればわかりますように、草かんむりに家です。縄文《じょうもん》時代にあった、地に穴を掘り、柱を立て、茅《かや》などで屋根を地面までもってきた、むかしの家の形です。薄暗い中で、両親が小さなこどもを育てているところです。

だから、この卦には、見定めがたいとか、若い、児童、これから伸びる人、という意味があります。なお、「啓蒙」という言葉は、教育でその無知をひらくという意味ですが、もとはこの『易経』から出ているのです。

ところで、『易経』の真価を認めている者は、けっして東洋人だけではありません。たとえば、ヘルマン・ヘッセは『ガラス玉遊戯《ゆうぎ》』の中で『易経』を「人間最高の知恵」と呼んでいるのです。その中で、この「蒙」についてふれています。

ヨーゼフ・クネヒトという青年が竹林の隠者の庵《いおり》をたずねて、弟子《でし》になりたいとたのんだとき、隠者は彼にたずねます。

「君はここにとどまっているかぎり、従順をむねとし、鯉《こい》のように静かに身を持する覚悟があるか」

「あります」

とクネヒトが答えると、隠者は、

「よろしい。では筮竹《ぜいちく》をもって神託《しんたく》をうかがおう」

といって、占いをはじめます。

「これは『蒙』。青年の愚かさをあらわす卦だ。上は山、下は水、山の下に泉のわくのは青年のたとえだ。

青年の愚かさは成就《じょうじゅ》する
わたしが若い愚か者を求めるのではなく
若い愚か者がわたしを求めるのだ
最初の神託でわたしは教示する
彼が再三たずねるならわたしは煩わしい。煩わしければ、わたしは教示を与えない
しんぼうづよくしてこそ進歩する」

これはドイツ文の直訳ですが、「蒙」という卦の原文はこうなっています。

蒙は亨《とお》る。
われ童蒙《どうもう》に求むるにあらず。
童蒙のわれに求む。
初筮《しょぜい》は告ぐ。
再三すれば瀆《みだ》る。瀆るればすなわち告げず。貞《てい》に利《よろ》し。

ヘッセのドイツ文は、よく『易経』の原文の意味を伝えています。クネヒトは、それからこの隠者に入門を許され、数カ月竹林にとどまって、『易経』の六十四卦を書き写し、暗記します。それから古い注釈書を読み、一つの悟りを開いていくのです。

さて、この「蒙」の卦の運気は、はじめはあまりよくありませんが、努力しだいで、あとへ行くほど好転してきます。ただ、濃い霧の中を手さぐりで歩くようなものですから、いつ、なににつまずくかわかりません。できるだけ身辺を整理して、身軽になっているほうがいいのです。

事業関係では、内部関係が暗く、困難をはらんでいることが多いときです。若い方は、前途おおいに有望ですが、あまり、いま暴走すると、正面衝突の危険があります。

日先のことでは、見当はずれが多く、身のまわり、日常のことでも、かなりあいまいな、わけのわからない出費があるでしょう。結婚は、いまは決められません。まず見送ったほうが無難でしょう。この卦の場合、男性も、あまりあたりが暗いので、だれかをたよりたいときです。だから、ふつうの結婚ではうまくいきませんが、いいパトロンでも見つければうまくいきます。

ただ、学問研究に関係のある人に、この卦が出たら、男女ともに大吉《だいきち》です。将来はかならず大物になれるでしょう。この卦には、児童とか、これから伸びる人、という意味があるからです。

また、たとえば、物をなくした場合、見つかりやすいところに置き忘れたときには、すぐ見つかるという卦が出るものです。盗まれたり、落としたりしたときには、長いあいだ、見つからないという卦が出るものです。ただ、想像もしないようなところに、まぎれこんだような場合には、よくこの「蒙」が出るのです。

＊

わたくしは、貴重な占例をメモしておく、ノートをもっています。あるとき、来客があり、そのノートを片づけました。どうやら、たくさんのノートや本のあいだに入れてしまったようです。あとで、必要になり、いくら捜しても見つかりません。

そこで卦を立てると、「蒙」が出たのです。これは、いま捜しても発見できないということです。大そうじのときにでも、見つかるのではないでしょうか。

5 渡し舟を待つ人（水天需《すいてんじゅ》）

「需《じゅ》」とは待つということです。生活を続けながら、ゆったりとした気持ちで時を待つことです。実力はあるのですから、その力を発揮できるチャンスを待つことです。

この卦は、形をごらんになればわかるように、ただ待つのとは少し意味が違います。上の卦に水があります。大きな川のむこう岸に、あなたの望む希望や目的があることです。どうしてもあなたはそれを手に入れたいと思っています。それには、川の水が凍結する時期を待つか、浅瀬を捜すか、または水量の少ない時期を選ぶか、渡し舟の来るのを待つかしなければ渡ることができません。どんなことがあっても、けっして急流に飛びこむような、危険な行動に出てはいけません。「需」とは、こんな状態のときをいうのです。

また「果報は寝て待て」ということわざがありますが、この卦はただ昼寝をして、遊び暮らしていればよいという意味ではなく、ゆっくり休養をとって、心身の鋭気を養い、元気いっぱいにつぎの仕事にかかれば、成功も大きいという意味です。

ですから、急いでいる願いごとは、すぐ思いどおりにはいきません。交渉も、これまで長く時間をかけたものならば、まとまる時期が近づいたといえるでしょう。結婚もあまりいいとはいえません。相手の気持ちがうやむやだったり、目的が二つあったり、生活とか、またはほかの候補者とか、そういうほかの対象に心が動いているときですから、男女ともに、自分からはあまり積極的に動かないで、つぎの機会をお待ちになったほうがよいでしょう。

＊

昭和三十五年、アイゼンハワーの再度の来日計画は、けっきょく中止になりましたが、最初に、その来日が問題になったのは、昭和三十四年の冬でした。そのとき、わたくしはある新聞記者に「アイクははたして来るか」とたずねられて、占った結果、この易が出ました。それで、「アイクは来ない」と断定しました。

しかし、その来日計画はしだいに進められたことはみなさんもご存じでしょう。昭和三十五年の三月、その日程までほとんど決定しかけたころ、その記者は、またわたくしのところへやってきて、「先生、こんどは先生の占いははずれましたね。アイクの訪日は決定しましたよ」というのです。「そうかしら」といって、わたくしは占って、またまたふしぎなことに、この「需」を得ました。

「これはアイクに天が時を与えないという意味です。待つ、危険を見てとどまる、という意味ですから、アイクは来ません」

　しかし、政府や外務省では、当然のことですが、どんどん準備を進めました。この記者は到着予定の数日前にやってきて、「こんどこそ、先生の負けですね。いま飛行場へ行って警官隊の護衛の予行演習を見てきたところです」と大いばりでいうのです。そのときには、わたくしも、こんどはしくじったかなと思いましたが、易占いを信じて、わたくしはいいました。

「たとえ、あなたが予行演習を見てきても、外務省がどんな準備を進めていても、わたくしは、アイクは来ないと信じますね。アイクのほうが、危険を感じて思いとどまるでしょう」

　その結果は、ご承知のとおりでした。

あせらずあわてず、「果報は寝て待て」を心がける

6

裁きの庭（天《てん》水《すい》訟《しょう》）

「訟《しょう》」とは訴える、争う、裁判という意味です。こういうときには、どんなに自分に理があると思っても、あくまで自我自説を通そうとしては、かえって相手を怒らせ、不利な結果をまねくことになります。また、相手を攻めすぎてもいけないし、争っても益はありません。天命、時運がまだ来ていませんから、相手を窮地に追いこむような行動は思いとどまるべきです。

まえの「需」は待機していることでしたが、この「訟」では、おたがいに意見が完全に異なって、おのおのの意見に共通点がないために、和を求められないときです。たとえば、会社でも、上役が自分の意見を聞いてくれないので、内心おもしろくないときにあたっています。

また、あなたが正しい理由で、相手を訴えても、この訴訟にすぐ勝てるとはいえません。なぜなら、立場的に恵まれず、決め手となるたいせつな証拠が不十分なのです。離婚訴訟などでも、たとえば、あなたが三百万円要求したとしても、けっしてきき入れられません。三分の一の百万円でももらえば、それで成功なのです。

それでは、この卦が出た場合には、どうすればよいでしょうか。

こんなときには、自分の気持ちをがらりと百八十度変えてしまうのです。思いやりと、暖かい気持ちで、人と協調する態度が、あなたを成功に導くことになります。これが、この卦を得たときの処世法です。この心がけを忘れると、あなたは泥沼にはまりこんで、ぬきさしならないことになるでしょう。

心すべきは、あなたの運気が、いま衰えているという事実を正視することです。

結婚にも、もちろん、いい結果は生じません。縁談としてはまとまらないときです。ただ、恋愛がかなり進行していて、どうしても、別れられないような場合には、だれか目上の人に相談して、進退を決めたほうがよいでしょう。

あなたが女性ならば、この卦を得たときには、父親と恋人の思想生活がちがっていて、板ばさみになることが多いのです。この卦は、特殊技能、たとえばオペレーターとか、芸道の師匠とか、そういう方面についている人ならば、いちおういい卦です。男性は自分が主導権をもつ独立独歩の職業、たとえば弁護士とか、外科医などにはよい卦なのです。

＊

これは昭和三十五年の十月一日のことです。ある週刊誌で読売ジャイアンツの監督、水《みず》原茂《はらしげる》さん（慶応義塾大学卒業後、昭和十一年のプロ野球発足と同時に巨人に入団。二十四年からは監督に就任する。三十五年に退団するまでの十一年間で八回ものリーグ優勝を達成。新人の長嶋と王を発掘してON時代の基礎も築いた。五十一年、殿堂入り）を占ったとき、この卦が出ました。

「訟」はすでに説明したとおり、内部で意見の対立があるときです。

「水原監督の主張が通らないようになっています。時運にも立場的にも恵まれないときなのです。また訴えに勝てないというのですから、ジャイアンツにこのまま長くとどまっていられないということです。どうしても年度がわりには、ほかの球団へ移ることになりますね」

とわたくしは書きました。翌年、つまり、三十六年に、彼は東映（現・北海道日本ハムファイターズ）に移り、それによって、南海（現・福岡ダイエーホークス）と優勝を争うチームをつくりました。

䷆

7 指導者の苦しみ（地《ち》水《すい》師《し》）

これは戦争の卦です。戦争はどの戦線においても、いつも勝てるものではありません。けっきょく大局的に見て、勝利をつかめばよいのです。そのうえ、戦争にとりかかるまえに、作戦をまず十分に練る必要があります。それは、はじめの作戦の誤差が、あとで大きくひびくからです。

むかし、周《しゅう》の時代の兵制では、五百人を旅団、二千五百人を師団、一万二千五百人を軍団といいました。二千五百人の兵を動かす師団長の苦労は、なみたいていのものではなかったでしょう。このように、人を導く立場の困難と苦労を、師という文字であらわしたのです。現代でいえばたとえば大会社の経営者とか、大きなグループの指導者が背負わねばならぬ苦労を意味します。

ところで、戦いには、すぐれた知力のある参謀が必要です。自分の腹心の部下を養成することが開運のもとです。

あなたが男性ならば、この卦を得た場合、仕事ではたいへんなワンマンです。力強い協力者をつくってください。女性関係では浮気の相手が多く、ほんとうに自分の愛する人にはまだめぐりあっていないときです。とにかく、あなたは事業界では、相当に大がかりな仕事をやれます。

あなたが女性ならば、事業家タイプや、女社長、大家庭を切りまわしていくような人、また多角経営的に自分の才能を生かしていける人が多いのです。また情事方面では男出入りがなかなか激しいのです。

さて、どの人材を生かすか……悩むところ

とにかく男女ともに、日常のことでは、自分の仕事が忙しく責任のある立場に立たされます。そのうえ、他人からよりかかられる負担の多いときです。よほど気を張っていなければいけません。しかし他人のたのみを積極的に引き受けてあげなければいけないし、自分は、つねに新しい気持ちをもって、つぎの仕事をしていかなくてはなりません。

＊

ある有名な証券会社の部長さんがみえました。そのとき、この「地水師」が出ました。これは良将がたくさんの部下をひきいて戦争に行く卦です。

あなたの知恵と包容力で、自分に役立つ腹心の部下をつくれば、重役になれると、わたくしはいいました。六カ月後、彼は取締役になりました。彼の会社には、優秀なスタッフをかかえた企画室があるそうです。このスタッフを育てていけば、彼は、さらに躍進することでしょう。

8 豊かなる水田（水《すい》地《ち》比《ひ》）

「比《ひ》」は親しむ、ということです。親和、親善、という意味です。また、この卦は、水が地上にあらわれた形ですから、豊かな水田が想像されます。これは、長いあいだの戦争がすんだあとの、落ち着いた田園風景です。平和状態をとりもどしたときには、人びとは、和気あいあいとして、あつまり、にぎわうものです。そして今後の生活に、向上発展を求めるのです。

しかし、この「比」は比べるという意味もあります。つまり自分と人の力を比べるのです。比肩、比較、比和の言葉がありますように、やはり平和の中にも、生存競争は、なかなかきびしいものです。ですから、同じ目標にむかって多くの人びとがあつまることを意味します。

同じ目標にむかって人があつまるということは、あなたが欲しているものを、ほかの人も望んでいるときです。ですからこのときは、人に親しめということは、けっして、ただ仲よくなれというのではなく、人に遅れをとるなという意味もあります。親しみ競争するのは、共存共栄ということになります。だから、こんなときには、共同事業などにはよいときです。

この卦は、徳川家康《とくがわいえやす》にたとえられます。家康の幼年時代の苦労はみなさんもご存じでしょう。その苦労が実を結んで、彼は人心をあつめ、諸侯に親しんで、徳川幕府の基礎を築いたのです。これはまた一面で、織田信長《おだのぶなが》や豊臣秀吉《とよとみひでよし》が兵力で平定したあとをうまく受け継いだので、長い泰平にもちこむことができた、ともいえるでしょう。

もし、あなたが男性ならば、性生活は、徳川家康が五十何人かの妻妾《さいしょう》をうまく統御していたような状態です。現代でも、こういうことはよく見られます。財力、権力などによって、ひとりの男性が何人かの女性に親しみ、競争させ、平和な生活を与えているようなものです。もし、あなたが女性ならば、ひとりの男性をめぐって、競争の激しいときですから、遅れてはだめになるでしょう。こんなときには、他人を押しのけても、彼の愛情を早くとらえなければなりません。

しかし結婚として見れば、よい卦です。完全なる結婚です。大地に水がしっとりとしみこむように、肌がぴったりとあって、離れられない仲ですね。

＊

昭和三十六年九月二日の週刊誌で、（劇作家で演劇プロデューサーの）菊田《きくた》一夫《かずお》氏を占いました。そして、この「水地比」が出ました。長い戦いのあとで、ようやく平和になり、功成り名をとげた卦です。

しかし、平和の中でも競争者が多く、忙しい毎日です。劇作家の中では、徳川家康のようなものです。よい協力者があれば、彼の企画した東宝《とうほう》歌舞伎《かぶき》は順調に伸びると、わたくしは予言しました。

（八代目幸四郎《こうしろう》が高麗屋《こうらいや》一門をひきいて松竹から東宝に移籍したニュースは、当時、「事件」として報じられた）

☰ (hexagram)

9 垂れこめた雨雲（風《ふう》天《てん》小《しょう》畜《ちく》）

うっとうしいですね。雨のまえの、むしむしした曇り空を見上げているようなものです。さっとひと雨来れば、すっきりするのですが、降りそうで、降らない空模様をながめながら、イライラと待っているかっこうです。

「小畜《しょうちく》」とは、このような状態のときです。この卦には、少したくわえる、少しとどめる、という意味があります。西の空が曇れば、やがてはザーッと雨が降りそそいできます。そのように、少しとどまっていれば、モヤモヤした気分は一掃されます。

この卦を得たときには、「畜」に貯蓄という意味があるので、物質面にも豊かですし、運気も強いのです。しかし、まだ現在の計画や実行しかけたことは、思いどおりに進めません。人にとめられたり、障害があったりして、挫折《ざせつ》しやすい傾向があります。

夫婦の状態としては、うんざりするような倦怠期《けんたいき》です。愛情もあり、生活状態はよいのですが、気分的にしっくりいかないことが起こりがちです。金もあり、生活の余裕もできたご亭主が、放蕩《ほうとう》をはじめて、女房がぷんぷんしているかっこうです。中小企業などでは、奥さんが商売熱心で、経済観念が発達し、客あしらいもうまいのです。だから、ご主人は、店をまかせても安心だと思い、交際にことよせ遊び歩くというようなことになりがちです。奥さんのほうもおもしろくなくなって、内心むかむかしている状態です。雨のまえのうっとうしさとは、こんなことをいうのです。

もし男性がリードをあやまったり、家庭に落ち着かない状態が長く続いたりすれば、気の強い女性ならけんか別れということも考えられないでもありません。こういうときには、「気にいらぬ風もあろうが柳かな」というように、無抵抗主義に徹するほうが、かえっておたがいの身を守るためにはよいのです。やがて、モヤモヤした気分が晴れてきます。

＊

五年ほどまえの春のことです。東京は神田《かんだ》のある雑誌社の方が、同僚とふたり登山に出かけ、山小屋を出たあと、別れたままひとりが予定の日になってても帰ってこず、行方不明になったことがあります。

会社でも家でも、みな心配し、警察にとどけようか、もう少し待ってみるかと相談しているときに、ちょうど、わたくしが行きあわせ、安否をたずねられました。このとき得たのが「風天小畜」でした。

これは「少しくとどまる」ですから、少し遅れて帰ると見てよいでしょう。

「小畜」は、山で天候が悪くなって、木の茂みに待避して天候の回復を待っていると見られます。

「帰ってくる予定日はいつですか」

とおたずねしましたら、きのうとのことでしたので、

「では、きょうの夕方にでも帰ってくるでしょう」

と、申し上げているうちに、悪天候のために遅れましたと本人から電話がかかってきました。

まるで雨が降りそうな雲行きのあやしさ

☰☱

10

虎の尾を踏む危機（天沢履《てんたくり》）

「履《り》」は、踏むという意味です。この卦は、虎《とら》の尾を踏むような危険の中にあるときです。しかし、従順に年長者、目上の意見にしたがって行けば、その危地を脱することができます。先人の成功したこと、失敗したことをよく見定めて、行動することです。

だから、他人に先立ってことを起こせば、かならずといってよいほど失敗します。他人のあとを受け継いですることは、はじめはひじょうに困難に見えても、成功します。苦労の多いほど、成果も大きいのです。そのために、はじめのうちは、礼節をつくし、正しい道を踏み行うことがたいせつです。

だから、はじめ、あいまいな態度とか、いいかげんな気持ちではじめたことに対しては、あとで大きな不安が出てくるのが、この卦の欠点です。

この卦は、歌舞伎の『勧進帳《かんじんちょう》』にぴったりです。義経《よしつね》が弁慶《べんけい》に、すべてをまかせて強力《ごうりき》に姿を変え、弁慶が縦横の機略を用いて、安宅《あたか》の関《せき》を通り抜けた故事を思い出してください。義経は弁慶にしたがって、やっと難をのがれたわけです。関所をのがれたときに、弁慶はいいました。「虎の顎《あご》をのがれたようだ」。

＊

昭和三十六年七月の株式ブームのときでした。ある奥さんがみえました。その人は、株でずいぶんもうけていました。「まだ買いに出てよいか」ということをわたくしにたずねました。そして、「天沢履」が出たわけです。危険信号です。株式によほど熟練した先輩にきかなくては失敗します。その人は、しぶしぶあきらめました。その結果は、ご存じの大暴落でした。

11 順風にはらむ帆（地《ち》天《てん》泰《たい》）

「泰《たい》」は、安らかということです。すべてのことがととのって、安泰な状態です。泰運、泰安、泰然、これらはすべてが落ち着いて安らかな状態を意味しています。形を見てください。上が地で、下が天でしょう。天は上へ、地は下へと動こうとして、ぴったりと和合しています。

この卦は、よく易者の看板に出ていますから、みなさんもよくご存じでしょう。これは易学上、一つの理想をあらわしているのです。現在は、申し分なく安定した生活です。夫婦、男女のあいだもぴったりして、愛情もこまやかなときです。一家も平和で、男性は自分の仕事に誇りをもって、しっかり家庭をささえ、女性は働き者の夫にささえられ、ゆったりした生活の幸福にひたりながら、家計をよく切りまわしている卦です。

その他、すべてのことから見ても、性格的にも、肉体的の面でもぴったりですから、いうことはありません。もし、若い人の縁談として見れば、親戚、知人関係から来た話が多いのですが、これ以上ないほどの良縁ですし、まとまります。最初は、身分や立場の相違があっても、気にすることはありません。

＊

わたくしの近親の若夫婦に赤ちゃんができるので、家捜しに必死になっていたとき、占ってこの卦を得たことがあります。

「これはかならず落ち着けますね」

というと、むこうは変な顔をしました。

「でも、いままで足を棒にして捜しても見つからないんですよ。予算も限度がありますし」

「でも、これは広々とした土地と、天へそびえる高層建造物の組み合わせですから、公団アパートに入れますよ」

「でも、何度申しこんでもだめなんです」

しかし、この若夫婦が、三室、テラス、バス、トイレつきの公団アパートに引越すようになったのは、そのすぐあとのことでした。

12 閉じられた出口（天地否《てんちひ》）

「否《ひ》」は、いなむ、ふさぐと読みます。口にふたをして、開くことができない意味をもっています。否運とは、非運、不運、運命がふさがって開けないことです。否定とか否認は、あるものを認めないことです。この卦は、まえの卦とは反対で、天はあくまで高く、地はあくまで低く、それぞれ両者が分離して、融《と》け合わない状態をいうのです。

だから、こんなときには、人も立場を得ていないときです。

たとえば、民衆の意見が政治に反映せず、政治家の意図が民衆に理解されないような状態です。ふさがって通じないのですから、経済的にも金ぐりがうまくいかず、思うように進めない状態です。日常生活でも、精神面でも、おもしろくないことの連続ですが、それも時間の問題で、たとえ目先はふさがっていても、隠忍自重《いんにんじちょう》していれば、自然に時が解決してくれるでしょう。

恋愛を占って、これが若い未婚者に出たときは、いまどきには珍しい清らかなプラトニック・ラブです。というのは、上の形と下の形が離れようとしているからです。相手もあなたを愛していますが、口に出せないのです。この恋は、家族、友人などの制約があって、いますぐには成就《じょうじゅ》しませんが、半年間待って周囲から働きかけていきなさい。

しかし、これが夫婦間では、いさかいが多く、いつも小さいトラブルをくり返しているか、または、ほとんど肉体関係もない状態に置かれているか、極端にいえば、別居状態にある人もいるのです。とにかく、おまえはおまえ、おれはおれというのですから、困った状態です。夫婦が背中合わせで寝ている形です。そういう家庭の不和が影響して、男性の場合も、事業面での衰運をまねいていることが多いのです。

もしも、この卦を得た場合は、真剣にお考えください。

こういう状態を長びかせることは、人生にとってけっしてプラスではないのですから、ほんとうに相手と性格が合わないと思ったら、きっぱり別れるか、それともまだ妥協点がのこっていると思ったら、いま一度、自分が折れて、まえの卦の「地天泰」の状態に近づけるしかありませんから、「地天泰」のところ（八十三ページ）をお読みになって反省し、態度を決めなさい。

なぜ、出口は
ふさがってしまったのか？

13

秘密を打ちあけた友（天《てん》火《か》同《どう》人《じん》）

おたがいがなんの秘密もなく、心から協力しあえば、たいていのものごとは、成功することまちがいないという卦です。「同人《どうじん》」は、われ人とともにする、また、人と同じくする、という意味です。同意、同一、同業、同行などの言葉は、すべて単独で行動する意味ではありません。また、同人雑誌というのは、この「同人」の同じ志の人、友人、仲間、という意味から出たものです。しかし、「君子は和して同ぜず」と、『易経』にあります。これは、よいことで意見が一致することにはよいが、つまらないことに共鳴する「付和雷同」ではいけないということです。

実際面では、共同事業は成功するときで、他人のひき立てがあって好結果が得られるのです。ただ、気あせりのために、失敗しないように、最後まで、ねばることがたいせつです。ただし、近親者との共同事業にはあまりよくありません。公的になればなるほどよいのが特徴です。

この卦の愛情面は、男女とも交際がひろいと見ます。女性は、ミス何々といわれるほどの美しい人が多いでしょう。また、プロポーズも殺到するでしょう。また、この卦には家庭にとじこもってばかりいられない、おおやけの人という意味がありますから、ともかせぎにはよいでしょう。

肉体的にも強い体力の持ち主ですし、頭も相当切れますから、家庭にとじこもっているのは惜しいし、また、それでは精力をもてあましてしまうでしょう。なんとかして、家庭と外部の仕事とが両立するようにもっていくほうがよいのです。従順な女性でも、この卦が出たら、特殊技能か特殊才能の持ち主です。

男性を占ってこの卦が出たら、事業的にもタフに活躍し、支配力も実行力もある親分はだの人と見てよいのですが、ただ事業面で競争者が多いときですから、油断はなりません。性格的に少し短気なのが欠点です。

入学試験や、公団住宅の申しこみで、この卦が出たらしめたものです。かならずうまくいくでしょう。

＊

プロレスの力道山《りきどうざん》（プロレスラー。世界タッグ・チャンピオンのシャープ兄弟と全国を巡業。「空手チョップ」が全国の少年の心をとらえ、プロレス・ブームが起きる。多くの後進を育成し、日本のプロレス界の発展に貢献したが、三十八年に死去）を雑誌社にたのまれて占ったのは、昭和三十六年七月の二十九日でした。

「空手チョップの威力ますますものすごく、ナイト・クラブから、デラックス・アパートまで多角経営の力道山について」と、漫画家のやなせ・たかし氏がたずねました。そのとき出たのが「天火同人」でした。

「これは強いですね。驚きました。神に恵まれていますね」

「それは弱いことはないでしょう。強力、リキさんだから」

「いや、運そのものの強さです。晩年は事業家ですね。むしろ事業に徹するならば、そのほうがいいでしょう」

この卦は事業に対して闘志満々の姿です。多角経営で、競争は激しくとも、彼はもうかっているときなのです。それにこの「同人」には、共同事業の意味がありますので、「この人は、なにか近いうちに、共同形体で事業をはじめるでしょう」とつけ加えました。ご承知のように、彼はその後、リキ・スポーツパレスなどの事業家として活躍しました。

14

真昼の太陽（火天大有《かてんたいゆう》）

めいめいが身分相応に、時と所を得て満足している状態を「大有《たいゆう》」というのです。「大有」はおおいに保つということです。つまり、あなた自身が、自分の幸運を長く保つようにしなさいということです。

この卦は、形を見ると、陽のあいだに一つの陰しかありません。つまり、忠誠な騎士に守られている女王のようなものです。また女王は、支配力と、包容力をもたなければ、女王としての資格はないのです。一国にとって、女王は太陽のような存在です。だから、この卦は、また真昼の太陽のように、明るさと強さをもっています。

この卦が出たときは、あなたはひじょうに盛運のときです。ふところぐあいも豊かですし、すべてのことが、ほとんど思いどおりに動くときです。ただ、満ちれば欠けるは世のならいですから、この盛運を維持することはたいへんです。あすの日もあると油断していると、急転直下、太陽が西山に傾くおそれがないでもありません。

実力も運勢もあいともなって、気力も充実していますから、積極的に行動してまちがいありません。時期も早いほど有利です。事業面では、いままでやってきたことの枝葉末節を切りすて、本筋に集中するように、頭の切りかえがたいせつです。

事業面では、女性が外でかがやいていることは、女社長といえましょう。もちろん、女性と決める必要はありません。男性でも、社長としては温厚な人で、柔軟策をとり、人を抱擁《ほうよう》して、事業を盛大にしていくときです。物質的にも明るい希望に満ちたりていますが、嫉妬《しっと》・反感には注意してください。

＊

これはかなりまえの話です。六代目中村歌右衛門《なかむらうたえもん》（一九一七～二〇〇一）の今後を雑誌社にたのまれて占いました。そのとき、この卦が出ました。

たくさんの騎士に守られている女王です。彼は女形《おやま》としての実力をますます発揮でき、まったくいうことのない将来ですと申しました。

15

実った稲穂（地山謙《ちざんけん》）

あなたは実直でまじめな方ですね。秋の田に黄金色の稲穂が、重そうに頭《こうべ》を垂れていま す。もう取り入れを待つばかりです。「実るほど頭を垂るる稲穂かな」というように内容が充実している人ほど、その態度は、謙虚です。

それは自己の充実した実りを、人びとに分かち与えるためにです。

「謙《けん》」とは、へりくだるということです。「謙遜」「謙虚」ということです。謙譲の美徳という言葉がありますように、この卦のときは、道徳、礼節を尊ぶことが、すべてのことの根本なのです。この卦の原文には「山の高きをもって地の低きにくだる」という言葉があります。これは身分の高い人がへりくだることは、徳のもとであり、礼のはじめだという意味にとられています。

しかし「謙」のもつほんとうの意味は、自分のありあまっている物を人に分け与えるということなのです。たとえていえば、高い山の土を運んできて、低い土地を埋め立てして、地ならしをするようなものです。ですから、実際面でいえば、自分に才能があっても、よけいなことに手出しをしてはならないときです。自分だけ欲ばってはいけません。

しかし、この卦には大きな欠陥があります。

形を見ると、一つの陽を、五つの陰がかこみ、ひとりの男性が、多くの女性にとりかこまれています。「小さい飲み屋の赤提灯《あかちょうちん》」とか、いまはなくなりましたが、むかしの本牧《ほんもく》、玉《たま》の井《い》あたりの赤線地帯を想像なされればよいでしょう。まじめではあるのですが、女性関係だけは、あまり感心いたしません。とくに性病に気をつけてください。

＊

数年前のある日、ひとりの奥さんがたずねておいでになりました。はじめてのお客さんですが、四十前後の気さくなお方で、むこうから、かなり人間も使って、手びろく商売をしていることを話されるのです。話の様子では、特別な心配や悩みをおもちのようにも見えませんが、よく注意して見ると、目が少し充血していました。

「先生、わたくしはどこのお医者に見てもらっても、この目がよくならないのです。いったいどこのお医者さんに行ったら、なおるでしょうか」

これは男が女にかこまれている形です。わたくしは、ははあと思いました。

「奥さま、これは質問ですけれども、ご主人は、たまにはあちらのお遊びをなさいますか」

「いいえ、とんでもございません。うちの人にかぎって、そんな場所に行くようなことはいたしません」

たいていの奥さんが、こう信じているからこそ、家庭は幸福なのですね。

「でも、奥さま、わたくしには、そのお話が信用できかねるのです。どうか、お家へお帰りになって、ご主人にもう一度お確かめください。そうなさらないと、あなたがどんなに養生なさっても、その目はなおりませんよ。ただ、ご主人を完全におなおしになれば、奥さまのほうは、簡単になおるのです。でも、あなたのご主人はまじめで実直な方です。いまはお遊びになっておられないでしょう。むかしの古傷《ふるきず》のせいかもしれませんから、じんわりと、怒らずに、病気をなおすという線でお聞きなさいまし」

その翌日、この奥さんは、ご主人と同伴でおいでになりました。

「先生にいわれてみれば、思いあたることもないではないと申しております。内地ではおぼえがないが、戦争中に外地では、何度か、慰安所《いあんじょ》通いをしたのだそうです」

「でも、その後、なんの兆候もあらわれませんから、自分では、なおったつもりでおったのですが……」

わたくしは笑ってしまいました。

16 備えのできた砦（雷《らい》地《ち》予《よ》）

春機発動のときです。これは、春雷が鳴りひびいている形です。地の上に雷があるではありませんか。初雷が鳴りわたると、冬眠していたものがすべて春のおとずれを知って、うごめきはじめ、木々も新しい芽を吹き出します。このように、人間も新しい出発のときです。「予《よ》」は、あらかじめということです。あなたは、この新出発のための準備がすべてととのっています。

先に立つ指導者が、しっかり予定を立ててくれるならば、民衆は不安なくついて行くものです。

予感、予期、予言、予知、予告などの言葉は、すべて、まえもって知る、知らせる、ということです。「余の辞書には不可能という文字はない」と豪語したナポレオン皇帝も、ロシア戦線において、冬将軍に対する予備知識がたりなかったために、ついに敗走をやむなくさせられました。

なにはともあれ準備完了。心を引きしめ、足もとに注意して、スタートしてください。かならず、あなたは成功のチャンスをつかむでしょう。この卦は下積みで苦労していた人が、ようやく世にみとめられたり、ストックの商品が思わぬムードの変化で、ブームにのったりする感じですが、ただ「予」という言葉には油断という意味があります。人間も調子にのると、自分の力を過信しやすいものですから、一時にもうかると、放蕩《ほうとう》に身をもちくずすおそれもありますから、ご注意ください。

＊

石原裕次郎《いしはらゆうじろう》さんを雑誌社のために占ったのは、昭和三十五年九月二十日でした。

「裕次郎ブームは終わったといわれながら、やっぱり男性ナンバーワンだし、いよいよ結婚も近い彼について」と、記者はたずねました。

このとき得たのが「雷地予」の卦でした。

「おや、これは備えのできた砦《とりで》ですよ。愛の巣が新築落成して、花嫁を迎えるばかりというところです。そして新しい人生に出発する形です」

「うらやましいな。金あり地位あり、美人の妻ありか」と記者は嘆息しました。

「早まらないでください。なんといいましょうか、油断すると交通事故、自動車かな。危険と出ています」

その後、彼がスキーで重傷を負ったことはすでにご存じでしょう。

もう一つ例をあげましょう。ある事業家の方に、新しく事業をはじめたいがどうかと意見を求められたとき、得たのが、この「雷地予」でした。

「この卦は『地上に春雷がふるい出る』という意味ですから、新規事業にはもってこいの卦です」

と申し上げますと、

「これでわたくしも安心して、はじめることができます」

とこの方は喜ばれました。

「しかし、油断してはいけません。『予』というのはあらかじめということです。よい卦ですけれど油断してはいけないということをしめしています。

この卦の言葉の中に『重門撃柝《じゅうもんげきたく》もって暴客を待つ』とあります。この意味は、『門を二重に閉ざして、拍子木をたたいて、突然の侵入者に対して警戒する』ということです。事業上の突然の侵入者とは、おそらく、税務署関係でしょう。だから帳簿関係には手落ちのないようにしてください」

とご注意申し上げました。

䷐

17

季節をすぎた雷（沢雷随《たくらいずい》）

時期の移り変わり、また、その時どきにしたがって運の強弱はだれにもあるものです。この卦は、夏のあいだにおおいに力をふるっていた雷も、秋になれば自然と鳴りやむといった感じです。

この「随《ずい》」は、したがうということです。時にしたがい、人にしたがい、立場にしたがう、ということです。

正しくすべてを見きわめて万事にしたがえば、まちがいないのです。追随とか、随行員とか、随筆などの言葉は、自分に主体性のないものをいうことです。

これを人に見ますと、いちおうのことをなし終えて、またつぎのチャンスが来るまで、機運、人などにしたがうべきときなのです。自分に実力があっても、いちおう他にしたがったほうが、よい結果が得られます。

この卦は弱い運ではありますが、けっして悪い運ではありません。この卦が出たときは、身辺が少しずつ強さから弱さに変化しかかってきているときです。たとえば、勤め先の転勤、住居の移転などが起こりやすいときです。だから、新しい事態の変化にしたがっていかなければなりません。

結婚は、若い女性と年輩の男性との組み合わせの卦です。若い女性がしたがっている卦です。ととのうことは、ととのいますが、年齢のずれ、時代感覚のずれ、体力の差などがあるので、将来まで円満にいくとは保証できません。

また愛情面で複雑化することもあります。とくに、若い女性が逃げようとしているのに、年輩の男性から、しつこくからみつかれるときです。また奥さんのある男性が、若い女性といっしょになりたいために、奥さんと離婚しようとしているときにも、あらわれる卦です。

とにかく、男性から見れば、この女性とはどんな犠牲をはらっても、いっしょになり、彼の思うようにしたがわせたい気持ちがあります。

＊

山田耕筰《やまだこうさく》さん（大正・昭和期に活躍した作曲家、指揮者。歌曲、オペラ、映画音楽など、創作活動はあらゆるジャンルにおよんだ。一生涯において、声楽曲約七百曲、器楽曲約百六十曲、団体歌約五百曲と膨大な数の曲をつくる。とくに有名な作品には「あかとんぼ」

「この道」などがある）のおやりになっている「楽劇社《がくげきしゃ》」の契約問題を占ったとき、この卦が出たことがあります。

ある会社がスポンサーになってくれるかどうかという問題でしたが、わたくしは、小口契約からはじめて、徐々に大口の契約にもっていくよう、おすすめいたしました。「随」の卦は時にしたがい、人にしたがう卦です。そのときそのときで、部分的に契約し、だんだん進んで大口契約にもっていったほうがよいからです。

これもまもなく、そのとおりに成功なさいました。

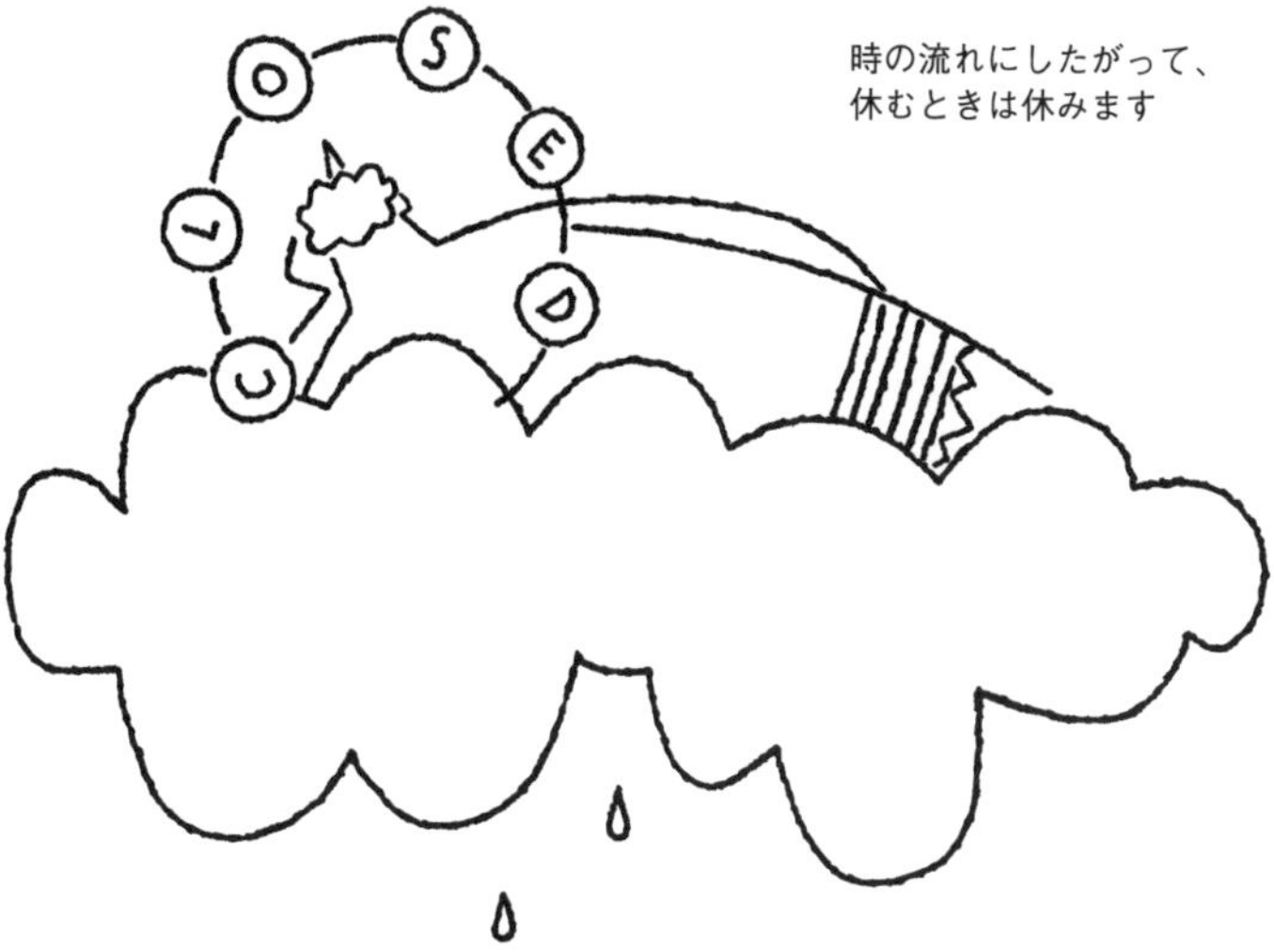

時の流れにしたがって、
休むときは休みます

䷑

18

皿の上のウジ（山風蠱《さんぷうこ》）

「蠱《こ》」、これは見なれない字ですね。この字のもっている意味は、破れ、破綻《はたん》ということです。字を見ると、皿の上に虫が三匹いることがわかります。これは皿の上の食物がくさってウジがわいた状態ですから、ふつうの状態ではありません。

たとえば、家ならば、外見はりっぱな建物でも、白アリが内部を食い荒らしているようなものです。だから、どうしても根本的な修理が必要なのです。それを行うには、事前に、どの部分がいたんでいるかを徹底的に調べなければなりません。

この卦が出たときには、周囲の状況が複雑混乱をきわめていると考えてください。平穏無事な状態がいつまでも続くと思って油断しすぎたために生じた破れですから、その破れをつくろったり、平常にととのえたりするのは、なみたいていではありません。

たとえば、あなたに、おできができたような場合、早く切開して徹底的に治療しなければなりませんが、この卦を得た場合には、その混乱の原因がどこにあるかを早く見きわめて、外科手術のような手段で徹底的に取り去ることが必要です。悪い病根を早く除去すれば、運勢も早く回復するものです。

これがもし政治面を占った場合には、「臭いものに蓋《ふた》」をしている状態です。強力内閣のように見えても、内輪《うちわ》の勢力争いがたいへんなときなのです。会社や団体、職場などについても同じようなことがいえるでしょう。

あなたにこの卦が出たときは、現在、破れたものを復元するためには、たいへんな努力が必要なときです。すべて内面のもろさ、弱さから、せっかくのものをフイにする意味が強いのですから、まず内部の弱点を早く発見することがたいせつです。

愛情問題でも同じように、複雑で悩みの多いときです。男性の場合、外に気持ちが行っていながら、やはり家やこどもや妻や親や、いろいろなことが気になって、外で浮気をしていても、心から楽しくなく、なんとなく気が重いのです。また、いままで貞節に暮らしていた未亡人に、若い恋人ができるようなときには、よくこの卦があらわれます。未婚の人に、この卦が出た場合には、もう相当進んだ関係にあって、いまさら別れられないけれども、といって、すぐには結婚もできない複雑な状態なのです。

＊

彼がまだ総理のころ、新聞社にたのまれて、岸信介《きしのぶすけ》氏を見ました。そのとき「山風蠱」

が出ました。党内は腐敗しきって、ウジがわいています。岸さんは、自分の頭だけをたよっている人です。あれほど頭のよい人でも、内部の争いを切開する時機を逸したのです。そのため、自分の体にメスを入れることになったのです。

もう一つ「山風蠱」にぜんぜん別なおもしろい見方があります。六年前の晩春のある日、まだ年若い女性から健康について占いを求められたことがありました。

「なんとなく体がだるく、微熱があるので医者に行きました。しかし、さっぱりよくならないのです。原因を調べてほしいのです」

このときの卦が「蠱」です。虫を皿で受け止めている形と見ました。

「あなたは避妊しておいでになりますね。これは避妊法の不完全な状態から来た血行不順です。ご心配はありません。しかし、もう少し健康的な避妊の方法をお考えになれば、すぐにお元気になられますよ」

この方は、それから五日目ぐらいにお礼にみえて、たちまち微熱がとれ、体のだるさが消えたと喜んでおられました。

19 移りゆく四季（地沢臨《ちたくりん》）

「臨機《りんき》応変《おうへん》」といいますね。この卦は、時の動きにしたがって、自分自身をうまく適応させていくことです。頭の切りかえがたいせつなときです。これは、強い卦なのですが、春考えたことでも、秋にはつぎの考えに移るような、あなたの機敏性が必要なのです。たとえば、そのときのムードに支配されて、それがいつまでも続くように思って、つぎに来る流行を忘れてはいけません。

恋愛、結婚には、あなたの移り気をいましめなくてはなりません。若い人たちが、気分にはしゃいで、あまい生活にひたっています。ほれるかわりに、あきるのも早いという卦です。とにかく、将来の正しい結婚にもちこむため、あまり深入りしてはいけません。

仕事のことを占ったときは、部下や後輩のいうことをよく聞いて、新しい政策を打ち出さなくてはなりません。うっかりすると、時代おくれになり、バスに乗りおくれます。

＊

昭和三十五年の秋に、ある新聞社にたのまれて、池田勇人《いけだはやと》首相を占いました。そのとき、この卦が出ました。

たしかに池田さんの所得倍増計画はタイミングに合った計画でした。民衆は、おおいに拍手をおくりました。しかし、四季は移ります。世界は変わります。

国際収支は赤字になり、物価は上がりました。そうなると、もう所得倍増計画は現実からずれてきます。池田さんは頭を切りかえなくてはならなくなるでしょう。この政策にも、かなり修正を加えなくてはならなくなるでしょう。この卦は、そういうことを予言していたわけです。

20

大地を吹きぬける風（風《ふう》地《ち》観《かん》）

風が地上をゆきます。形を見ればおわかりでしょう。

この卦は、風が地上を吹きぬけていく感じのときですから、物みなすべてむなしいという意味があるのです。気持ちのうえでも落ち着きがなく動揺しやすい時期です。

こんなときに、あなたはどうしたらよいでしょう。

あなたは、とどまって動かないほうがいいのです。武《たけ》田《だ》信玄《しんげん》の旗じるしだった「風林《ふうりん》火《か》山《ざん》」の中の「動かざること山のごとく」の教えがぴったりあてはまるときです。つとめて心を落ち着かせるようにしましょう。

また「観《かん》」という字は、ただ見るだけでなく、思索し反省するということです。とくに現在の政治家には、この「観」の卦を見て、自己の政治に対する反映を考えてほしいものです。そんなわけで、この卦は、物質面よりも精神面に重点を置く、学問、研究、信仰などにはたいへんよい卦です。精神面での進歩発展はおおいにありますが、物質面ではあまり期待できません。

あなたが男性ならば、この卦の場合は、理想家で観念的に行動する人です。人によっては少し頭がかたすぎるきらいがあります。

あなたが女性ならば、精神面や信仰面に心をひかれやすく、こまかい観察力をもち、理想も高いので、男性を選ぶ場合にも、なかなか理想と現実が一致しなくて苦労しがちです。だから、あなたはあまり高望みしてはいけません。もう少し目標を下にもっていったほうが、早く幸福をつかめます。

＊

昭和三十四年、東映（現・北海道日本ハムファイターズ）の山本八郎《やまもとはちろう》選手が、二度目の暴行事件を起こしたときのことでした。

五月二十日の近鉄との試合で、無期限出場停止になりました。その直後の謹慎中に、あるスポーツ関係の人に問われました。それは、「二度目の暴行事件で、はたして復帰できるでしょうか。また今シーズン中に出場できるでしょうか」ということでした。

このときの卦は「風地観」でした。

「風が吹いて、砂ぼこりをまき起こしても、いつしか風がやめば、ほこりっぽさは静まるものです。また『観』には、精神生活という意味がありますから、座禅でもして静かに身をつつしんでいれば、彼の動静を観察している監督が、かならず彼を必要とする日も近いでしょう。おそらく、七月中にチームに復帰して、九月には出場できるでしょう」

まったく、そのとおりになりました。

しかし、今後も自分の行動を起こすまえによく考えなければなりません。「観」というのは、見るということですから、自己反省がたいせつだということですね。

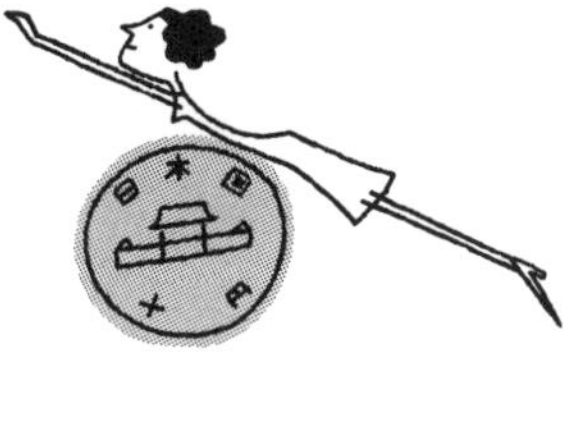

21

噛みくだかれた食物（火《か》雷《らい》噬《ぜい》嗑《こう》）

「噬《ぜい》嗑《こう》」とは、噛《か》み合わせて通るということです。口の中に入ってきた物を、上あごと下あごとで噛みくだくという意味です。いくらおいしいビーフステーキでも、ナイフで切らず、まるごとでは噛みくだせるものではありません。また、十分に咀嚼《そしゃく》しないと、舌の上で味わうこともできず、胃袋の中でも、完全に消化されないでしょう。

この卦があなたに出た場合には、噛みくだくという意味ですから、生活力にあふれ、意欲旺盛の強い運です。これはあなたが、目的に対してすごい勢いで進んでいるときなのです。その中間にじゃまがあるのですが、噛みくだけば目的が達せられるというわけです。だから、現在は難局に直面していても、すべてのことに積極性を失わず、中途で挫折せずに行動することです。とにかく熱意と努力を忘れてはなりません。たとえ競争は激しくても、あなたの力の入れ方ひとつで、思った以上の成績、利益があげられるときです。

つぎに、この卦の形を見てください。上から三番目に陽があり、これがバランスをこわしています。

それが、おたがいの誤解のもとをつくっています。だから、人間関係、とくに夫婦間では、よくはなばなしいけんかの起きるときだと思ってください。夫婦ともに、激しい気性の持ち主だからです。ビンタの二つ三つは飛ぶことを覚悟したほうがいいでしょう。でも、その障害を噛みくだけば、仲直り後はすこぶる濃厚になります。

この障害は家庭内での姑《しゅうと》や小姑《こじゅうと》の存在、または愛情問題の疑惑などですが、この場合「出て行け」「出て行きますわよ」といい争っても、実際に別れることはまずありません。夫は妻に弱味を見せたくなくて、虚勢を張っているときですし、奥さんのほうも、夫の弱点をつかんだつもりで、たいへんな強腰にな

モグモグモグ、十分に噛んでおなかいっぱい！

り、プンプンふくれているときです。この卦が出たときは、こんなもめごとが起こるのも一種の宿命とあきらめてください。はでにけんかをすると、かえって雨降って地固まるということがあるでしょう。

若い人の縁談、結婚として見れば、この障害は先方にかくれた異性の友人がいたり、または生活問題の悩みがあったりで、いまは、ちょっと踏みきれない感じです。おたがいに、精神的または物質的な共通の目的、たとえばふたりが映画が好きなら映画について話し合い、妥協点を見つけ出すことです。

＊

昭和三十四年の八月のことでした。知人から、アラビア石油の設立者・山下太郎《やましたたろう》氏の海底石油採掘が成功するかどうか見てほしいと依頼されました。当時、この事業には、すでに二十億円ぐらい投資されていましたが、いまだに成功をみず、山下氏は山師のようにうわさされていたときでした。このとき得たのが、この「火雷噬嗑」でした。

「『噬嗑』は難関を噛みくだいている形です。また、『噬嗑』は商売に強い卦ですから、山下太郎氏は、この石油事業できっと成功しますよ」とわたくしは、その人に申しました。

その後、昭和三十五年一月三十日に、第一回の噴出があり、今日の成功にいたっていることは、みなさんも新聞などでご存じのとおりです。

22 夕日に映えるルビー（山《さん》火《か》賁《ひ》）

「賁《ひ》」というのは装飾という意味です。自然現象にたとえますと、「秋の夕日に照る山もみじ」という感じです。山のはしに沈もうとしている太陽は、そのあたりの風物を瞬間的に、色あざやかに美しく照らし出します。

これは天地自然の美観ですが、人間や社会現象にたとえますと、この「賁」は、末期の美しさを意味します。たとえばルイ十四世からルイ十六世のフランス王朝の、頽廃《たいはい》したけんらんさです。一つの時代が盛りをすぎて衰えはじめると、そのときの芸術は初期の豪快な精神を忘れ、くずれた美しさを喜ぶようになります。この卦は、そういう状態をいうのです。

わたくしたちの食物にたとえますと、一目見たところ、きれいでおいしそうですが、ごてごて並べたてていても、味がまずかったり、栄養が伴わなかったり――というところです。ですから、この卦のときは、事業面では、体裁《ていさい》を飾るのはこれぐらいにして、地味に内容を充実させたほうが、いい結果を得られるのです。

　また、山のはしの夕日のようですから、光のおよぶ範囲もごくかぎられています。自分の見通しも、遠くまできかないときですから、見こみちがいもよくあるときです。インチキ物をつかませられるおそれもありますから気をつけてください。よさそうな話でも、あまり積極的に進まず、もう一度、真剣に内容を調べてみる必要があるでしょう。

　ただし、小さいこと、目先のことなら、かなりの成果はあがります。しかし、契約だけは手がたく行ってください。結婚を占って、この卦を得たときは、お見合いで幻滅ということがよくあります。写真の修正技術で、美男美女をつくりあげたというところです。すべてに十分調査することを忘れてはいけません。

　あなたが男性ならば、少し頑固で、一面的に女性をリードしようとして無理をするときです。わりあいにはで好みで、文学趣味もありますが、ふところはピーピーの下痢《げり》状態なのに、無理をする傾向があります。あなたが女性ならば、表面ははでで、着物などにも敏感な色彩感覚をもっています。こまかなところまでよく気がつきます。誤解を受けやすい性格ですが、内心は早く家庭に落ち着きたがっているのです。生花や、お茶など、古典的な芸道にぴったりです。

＊

「東映のトップ・スター、大川橋蔵《おおかわはしぞう》さん（俳優。故六代目尾上菊五郎に芸養子として引き取られる。二代目大川橋蔵を襲名後、昭和三十年に東映に入社。以後十年間で百本以上の映画作品に出演する。四十一年からはじまったテレビ時代劇「銭形平次」は、十八年ものあいだ続いた長寿番組だった）は、東映の大川博《おおかわひろし》社長と、姓も同じで、いかにも時代劇の貴公子という感じです。彼の来年の活躍はどうでしょう」

とわたくしは聞かれたことがあります。

昭和三十五年の十二月十五日に占いました。このときの卦が、「山火賁」でした。

「『賁』は、芸術・文化・芸能によい卦です。人工的な美しさを意味するからです。たとえライバルは多くとも、立場的に恵まれているので、仕事に不自由はありません。まだ、これから先、女形《おやま》としても、舞台人として十分にやっていけます」

この卦は、けんらんたる舞台姿をあらわしているので、芝居の寿命も長いし、映画で女形のシーンのある、色模様が受けるはずなのです。この秋、彼がリサイタルを開いたとき、「保名《やすな》」のあでやかな姿で、満場をうならせました。

23

くずれゆく山（山《さん》地《ち》剥《はく》）

高くそびえ立つ山が、雨や風のたえることのない侵食《しんしょく》作用によって、しだいにくずれさっていく卦です。この「剥《はく》」は、はぎとる、けずりとられる、という意味です。「剥奪《はくだつ》」とは、はがしうばうこと、「剥落《はくらく》」とは、はげ落ちること、「剥離《はくり》」とは、はぎ離すことなど、どの言葉も、ある物からある物をうばいとる意味をもっています。「追剥《おいはぎ》」という言葉があります。これは追いせまって、むしりとることです。現在では、この言葉はあまり使われません。が、同じような状態は見られます。

いまのあなたは、衰運の極といってもいいのです。形を見てください。下から見ると、陽がどんどんけずられているときですから、どのような実力、野心があっても、進んではいけません。

「ねずみ倉庫を穿《うが》つの象《しょう》」とこの卦についての故人の言葉がありますが、倉庫の外側は堂々としていても、中につまっている穀物は、全部ねずみに食い荒らされて、からになっているのです。ですから、他人を信用して、自分の仕事をまかせると、「獅子《しし》身中の虫」のたとえのように、食い荒らされる危険があります。

この卦の感じを四季の移り変わりから見れば、冬。一日でいえば夕暮れです。人間の力ではどうしても、退勢をとり返すことができないときですから、勢いにさからって自分の身に危害をまねくことを避けてください。

また「剝」には、大きな木の実が地に落ちて、また芽を吹くという意味もありますから、最悪の事態で、この卦が出れば、すべてを脱皮して新生への第一歩を踏み出すとも見られるでしょう。

結婚については、形を見てください。ひとりの男に五人の女とは、アンバランスもいいところです。縁談では中に入っている人が、いいかげんな細工《さいく》をしておしつけていることが多いのです。だまされないようによく調査をすることですね。悪くすると、悪女がおしかけ女房になったり、財産目あてに、政略結婚をくわだてたりする場合もあります。

あなたが男ならば、浮気の相手が多すぎます。それも、あんまり感心した浮気ではありませんね。また女がタフで、男がたじたじしている感じです。

あなたが女性ならば、自分の本来結婚すべき相手でもないのに、おぼれきって、血道をあげているときです。芸能人相手にすごく熱をあげて、プレゼントや交際費など、むだな出費ばかりしているときです。

*

十年近くまえのこと、当時三十六歳の事業家の方の一年間の運勢を占ったときの卦が、この「山地剝」でした。

「悪い卦ですね。『山地剝』は『内部がからっぽ』という意味ですし、形から見ても、『一陽に五陰で力なし』と見られます。まず、事業上では力になってくれる人が少ないですね。それに資金面でも、ひじょうに困難に追いつめられます。あなたは、表面のはでな政策をやめて、地味な足もとから築きあげる堅実な方針をおとりになったほうがよいでしょう」

「また、この卦は『山くずれ』という意味がありますが、あなたのお家はどんなところにありますか」とお聞きしましたら、背後が崖《がけ》になっているとのことでした。

「それなら、ほんとうにご注意ください。これには、『打撲傷』とか『高いところからの墜落《ついらく》』という意味もありますから」

その年の十月に、この方は頭に包帯をしてみえられました。

「先生、みごとに当たりました。先日の台風で屋根が飛び、このありさまです」

䷗

24 春立ち返る（地《ち》雷《らい》復《ふく》）

「復《ふく》」は、返る、ともにもどるということです。すべての陰が徐々に陽に変わっていく形です。易の形というものは、いつも下から上へと見ていくものです。地中に暖かみが返ってきて、また春を迎える機運になってきている状態だといえます。春になって草木の芽が萌《も》え出て、花がほころび、やがて実を結ぶというように、四季の変化に応じて、すべての物は徐々に生成発展していくものですが、その浅春の季にあたる卦ですから、一歩ずつ前進するときです。

「往復」は行ったものが返る。「復元」「復原」はもとにもどすということです。「復」はすべてのものをもとに返すという意味があります。そして、もとにもどったものが、また第一歩からやりなおすことです。

易占いのうえでは、「復」ということを冬至《とうじ》から新年と考えるのです。この冬至は、いわゆる一陽来復《いちようらいふく》で春が返ってきた日なのです。むかしの中国の王さまは、冬至の日には、交通を止め、あらゆる政治を休んで、ゆっくりと一年の大計を立てたのだそうです。わたくしどもも来年の運勢は、すべて、前年の冬至の日、潮《しお》の満ちてきた時刻に易を立てて判断することにしています。

あなたが、ある仕事をやろうとするときには、将来の見通しを十分に立てることが必要です。それは、あらゆる場合にいえることですが、とくに、この「復」の卦を得た場合には、へたをすると、すぐやりなおしということになりますから、じっくりかまえて、つぎの段階のことを、近いところから遠いところまで計画する心がまえが大事なのです。

結婚や恋愛については、再婚とか復縁のときにはよい卦ですが、はじめての人に、これが出るのはどうも感心しません。お嫁に行っても出もどりになるおそれがあります。

夫婦げんかをして別居している場合に、この卦が出たら、すぐにもとのさやにおさまります。若い人の場合、この卦が出たときは、デートはスムースですが、結婚にはまだ時期がかかります。ひとりの男性に五人の女性を組み合わせている形ですから、だいたい軽い交友関係の場合が多いときです。

＊

わたくしが易の勉強をはじめたころ、となりの奥さんのネコが行方不明になりました。

「かわいがっていたネコがもう三日も帰りません。ほんとうにどうしたというのでしょう。

おなかをすかしちゃいないかしら」と相談においでになりました。

そのとき出たのが、この卦です。

「ご安心なさい。『易経』の原典には『七日にして来復』とあります。三日たっているのなら、あと四日で帰ります」と申しました。そしてそのネコは、帰ってきました。

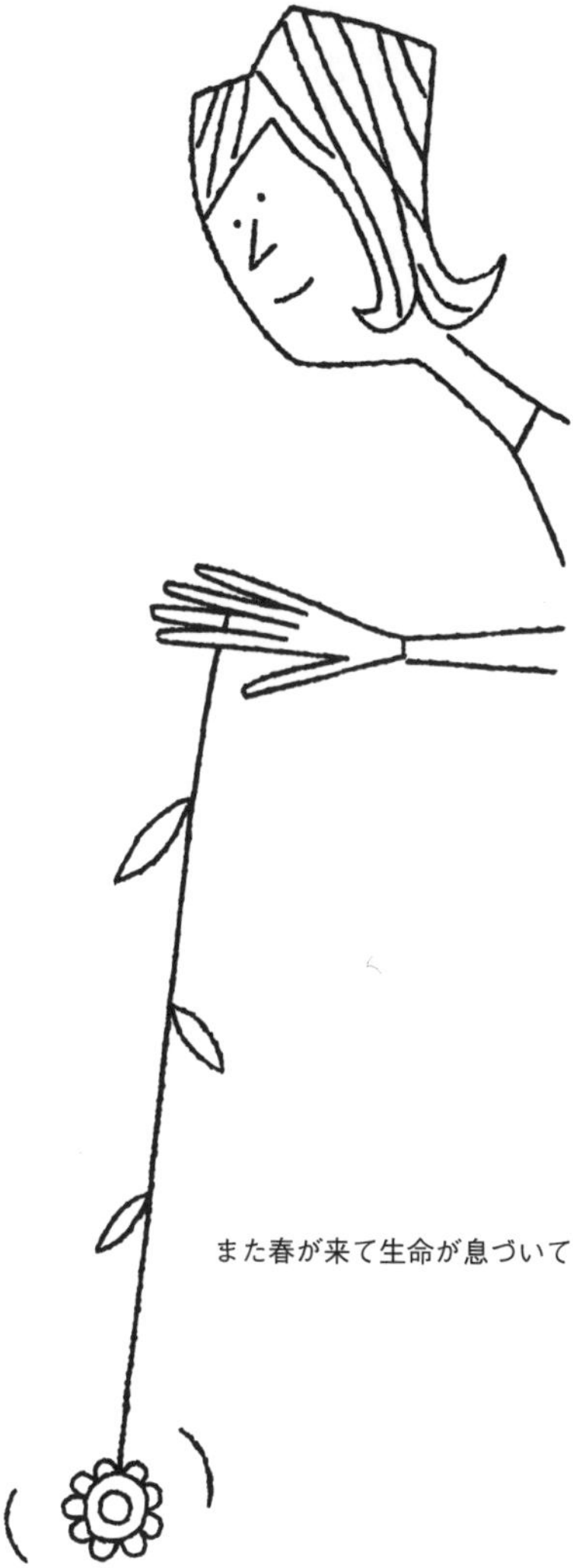

また春が来て生命が息づいてくる

25 天の運行（天雷无妄《てんらいぶもう》）

欲望も作意もない自然のままのはたらきを「无妄《ぶもう》」というのです。天のなすまま、人為的な技巧をもてあそぶことなく、自分のありのままの姿でいることが自然の理法にかなうということです。

「妄《な》す无《な》し」ということは、天が人をいじめてやろうと作意するわけでもなければ、また人を助けてやろうと努めるわけでもなく、晴曇《せいどん》風雨も自然の姿で、天の意志ではないということです。

天意のままに従順であればよいのですが、もしも、あなたに不正な行いがあれば、それは故意に自分でわざわいをまねくようなものですね。自然のなりゆきにまかせるほか手のほどこしようがない、「メイファーズ」という言葉そのものがこの卦にピッタリです。とにかく予定を立てても、むだなときで、すべてが「あなたまかせ」の状態にあるときです。こういうときには、積極的に出るというのでもなく、また逃げるというのでもなく、自然の中におとなしく受け身でいることが、いちばん適当なやり方なのです。
パール・バック女史の名作『大地』に見られるように、主人公の王竜《わんろん》が稲の取り入れをしようとする直前に、大あらしがおそってきたり、またイナゴの大群がやってきて田畑が裸になってしまうほど食い荒らしてしまったりするのです。もう人間としては手のくだしようもないのです。

このように王竜が必死に努力して得た収穫に、雨や雹《ひょう》を降らすのも、それは天の作意でもなければ、また王竜が天に対して不正をしたというのでもありません。イナゴの群がそこに偶然来て、畑を食い荒らしたのも、「偶然」が王竜に与えた被害、損害なのですね。こんな状態、まったく人間の思いもかけない、また天意でもない状態を「无妄」という言葉で説明しているのです。

しかし、だからといって、もし、ここで王竜が意気消沈してしまって努力しなかったら、どうなることでしょう。彼はふたたび立ちあがって、天にさからわず、素直に努力したのです。だからこそ、あとにかなりの成功と幸福に恵まれたのでした。

このように、たとえ最悪の事態にあっても、心に余裕をもって、その時期の過ぎさっていくまで、静かに見守っていることです。それにはなにか自分の心にかなったもの、たとえば学問、研究をするなり、楽しみを求めたりして、不幸を不幸と思わない心境まで達することです。

結婚も、やはりなりゆきまかせのときで、べつに積極的に技巧をこらさなくとも、自然にまとまるときです。恋愛は、情事ではもつれがありますが、これはすべて時期を待って自然が解決してくれるのを待つ以外に道はありません。

＊

ある日、四十歳ぐらいの男の方がみえました。親ゆずりの家屋や土地で生活していたのですが、もうその大部分を手ばなして、こんどは自分の住居を売ろうかどうかというご相談でした。そこで得たのが「无妄」の卦です。

「なりゆきまかせ――ということは、いま売れということではありません。いずれ値上がりするでしょう。いっさいを天の運行にまかせて、時をかせいでください」

そういうことをいわれて、この方は帰って行かれましたが、五カ月後には、お手紙をくださって、お父さんの知人関係のほうで仕事が見つかったため、もう家を売る必要もなくなったといってこられたのでした。

26 米でいっぱいになった倉庫(山天大畜《さんてんたいちく》)

秋の取り入れもすっかり終わって、精選された米は、俵《たわら》になって、大きい倉庫の中に積みあげられました。「大畜《たいちく》」はおおいにたくわえるということです。充実感にあふれた意味をもっています。そして、その充実した力をいつでもふるえる時期を待っているときなのです。

また「大畜」とは、おおいにとどめる、とどまる、時期をかせぐという意味です。わたくしたちが大事業をなそうとするためには、自分の力をおおいに養いたくわえなければなりません。知識、人徳を高め、物質的にも十分の準備をして、そのうえで行動を開始しろという意味です。「家畜」「畜養」「畜力」などはすべて、養いとどめていることです。日常生活でも、体力、精神力を養い、とどめておけば、いつでもスタートが切れます。

これは、わたくしのいちばん好きな卦の一つです。この形を見ていると、どんな困難に出会っても、努力することがちっとも苦にならず、じっくり腰をすえて、豊かな気持ちで

たっぷり力をたくわえて、準備万端

目標を見つめていられます。

運勢としては、すべてのことにいい意味の判断ができます。いままで、自分のやってきた経験、実験などを十分に生かして活動できるときです。

地盤も安定してきましたし、新しく大きな仕事の契約ができたり、新しい分野へ発足できたりするときです。苦心しても、苦心の効果があがるときですし、時間を長くかければ、またそれだけ成果も大きいときです。

結婚問題は、正式の仲人《なこうど》を通じての話にはとてもいい縁談です。男性は秀才で品行方正の人が多く、積極的にもちかければ、案外スムースにまとまるときです。当人同士の恋愛結婚ならば、目上の人の反対があって、少しとどこおりますが、まあ、ねばり強くがんばることですね。とにかく、この卦の場合は、男女ともに、生活にも愛情にも真剣な人が多いのですから、いったん結婚を決めたなら、簡単にくっついたり、別れたりする縁ではありません。

男性も、自分の将来の事業に希望をもっている人ですから、浮いた風評を立てられることもないのです。女性は勝ち気でわがままなきらいはありますが、家政のほうもうまく切りまわす頭はもっています。

結婚後もおたがいにまじめですし、自己修養に努め、実力をたくわえ、教養を増す態度をくずさないでしょう。ともかせぎも、おおいにけっこうです。

＊

これは幸福になったお嬢さんの話です。

この方は、ある大きな雑誌社につとめておられる方の妹さんですが、ご兄妹《きょうだい》ふたりといっても、ほんとうに血のつながった仲ではなく、ひとり息子の兄さんが出征なさったとき、お母さんがさびしさのあまり、養女にした人なのです。このお嬢さんの実家はご両親もなく、三人姉妹のまん中の方だったのです。

はじめてお母さんにつれてこられたのは二十二のときでした。それまでは縁談が一つもなかったということでした。なんとか、いいお婿《むこ》さんは見つからないだろうかといわれて、この卦を得たのです。

「これは有望じゃございませんか。一つ話がはじまれば、三つ四つと続いて出てきます。それまでは『大畜』ですから、少し時間はかかるでしょう。相手もかなりの資産家のぼっちゃんだと思います。また自分で家を建てるようなファイトの持ち主ですよ。そういう前途有望な青年が、きっとあらわれますから、それまであせらず、じっくりお待ちなさい。ただ待つだけではなく、そのあいだ洋裁でもなんでも、じっくり勉強なさることですね」

これを占ったのは春でしたが、その秋になってから、またおふたりは、にこにこしながらおみえになりました。やはりあの後、まもなく縁談がたくさん起こって、その中の一つ、これはというものがあったのです。それで、お礼にみえたのですが、いまでは新築の家に、ひとりのお子さんといっしょに仲よく暮らしておられます。

たいへん親孝行なお嬢さんでしたから、その真心が天に通じて、こういういい卦があらわれたのでしょう。

27 上あごと下あご（山《さん》雷《らい》頤《い》）

「頤《い》」は養うということです。口で食物や飲み物をとるのはもちろんですが、知識や思想を取り入れる精神的な活動も、同時に含まれているのです。悪食をすれば、胃腸をいため、肉体をそこなうように、知識や思想も正しいものでなければなりません。

「頤」というのは、上あごと下あごをいうのです。よく、この形を見てください。口のように見えませんか。上あごと下あごが重なっています。全体としては、歯のならんだ形になっているのです。

この卦が出たときは、歯とか胃腸とか、消化器を中心として、健康に注意すべき時期です。また、しゃべりすぎて失敗したり、発言すべきときに、いいたりなかったりして、誤解をまねきやすい時期です。「口はわざわいのもと」というように、自分の吐く言葉に注意してください。

ひじょうに気の合った同士なら、がっちりとスクラムを組んで、成果をあげることもできます。上あごと下あごががっちり組んでいるように……。

結婚の場合は、食べていくだけならなんとかなるでしょう。若いあなた方のファイトの問題です。老人ならば、入れ歯で物が噛めない状態で、生活にも窮している形ですが……。とにかく、ともかせぎ覚悟でも、ほれあっているのですから、いうことはありません。この卦の場合は、そのほうが、かえってご主人の仕事に理解ができて、しあわせだともいえるでしょう。

若い恋人たちならば、現在はデートの時間をきっちり打ちあわせておいて、映画を見たり、音楽を聞いたり、喫茶店でうっとりしたり、簡素なお食事にも胸をふくらませたりしているときですが、今後の生活設計のことを真剣に考えてください。

現在、親の脛《すね》をかじることはしかたがありませんが、早くおたがいの仕事のことを考えねばならないときですね。

＊

わたくしがときどきお手伝いをお願いもする大学生の方の就職を占ってさしあげたとき、この「山雷頤」を得ました。

彼はF銀行に入りたいということでした。

「『山雷頤』は就職試験にぴったりの卦です。『頤を観《み》てみずから口実を求む』と原典にあ

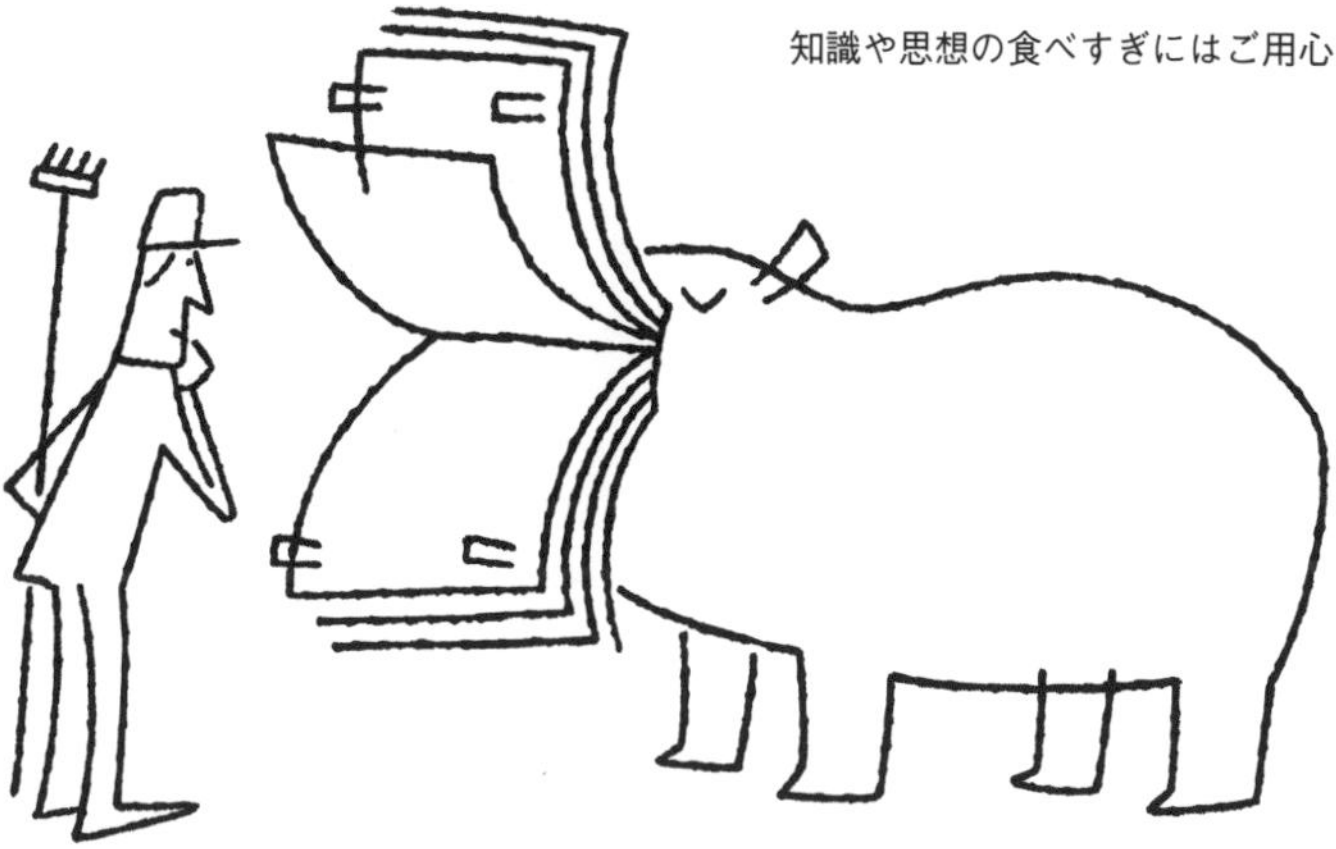
知識や思想の食べすぎにはご用心

りますが、それは親の脛をかじらず、自分の口を養う、ということです。さらに、『頤は貞《てい》によろし』とありますが、正々堂々と正式のルートで社会人になる卦です。さらに原典には、『虎《こ》視《し》眈々《たんたん》その欲《よく》逐々《ちくちく》』とあります。これは虎がねらった獲物をかならず手に入れるということですから、あなたも、F銀行を最後まであきらめずに努力すれば、きっとパスするでしょう」

わたくしはこう答えておきました。

その後、彼の就職は九月中旬に決定いたしました。

28
背負った重荷（沢風大過《たくふうたいか》）

おおいに過ぎるということは、責任過重という意味です。この卦があなたの運勢に出たなら、現在、あなたはひじょうな危険に直面しています。しかし、危険だからといって、すべての行動をストップするわけにはいきません。強い意志力をもって、その苦難を征服したあとの喜びはまた大きいものです。

事業面から見ますと、会社内部に人材が多すぎるために、かえって失敗するような状態ですね。少し事業を拡張しすぎて、資本難のときです。

この卦を形から見ましょう。これは頭が二つで胴体が一つにからみあった蛇《へび》の状態なのです。こう申し上げると、あなたは恋愛や結婚についても、だいたいご想像がつくことと思います。ただもう、よいも悪いもなく離れがたい状態ですね。たとえば、年輩の男性が年若い女性にひかれていて、それも肉体的なつながりのために別れがたい状態にあるときに、この卦がよく出ます。また女性も散りぎわの桜があと一瞬の春を惜しむように、若い男性に身も心もおぼれきっている状態のときですね。たとえ周囲の人が、この関係はよくないからおやめなさいといっても、当人同士は、絶対に離れません。といって、永久に続く縁でもないのです。

こんな関係におちこむ人には、生まれつき、それだけの業《ごう》といいますか、因縁《いんねん》といいますか、そんなものをもっている人が多いのです。それは、いわゆる祖先から流れている血の中に、そういう要素を多分に含んでいるのですね。

とにかく、あなたに、この卦が出たときは、すべて、まず一歩しりぞいて荷を軽くすることです。また過労を避けるようにするのがよいときです。そして豊かな心をもって、つぎにきたるべき運にそなえて計画するときです。「大過《たいか》」のときは、すべて悪いときが過ぎさっていくまで待ちましょう。

こりゃあ、ナンボなんでも！

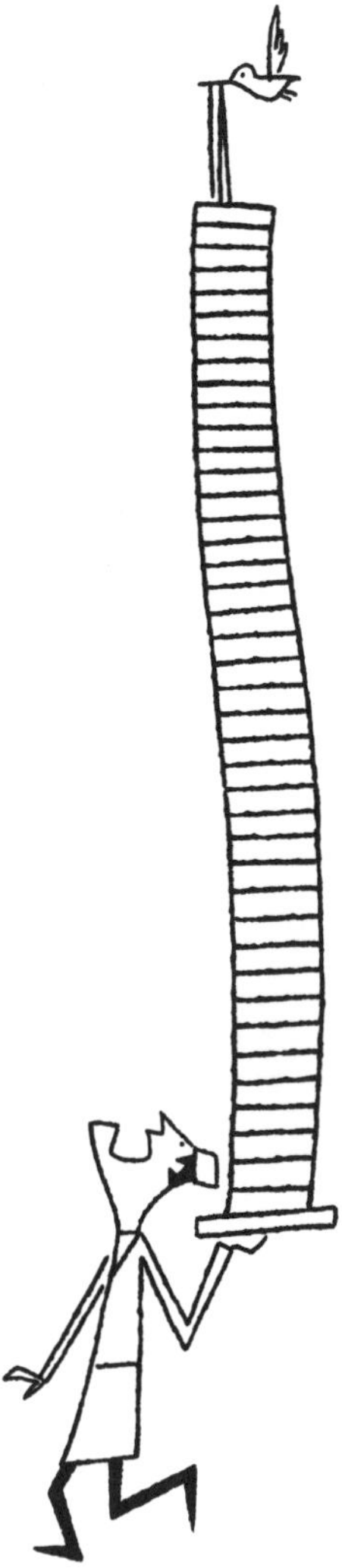

29

不吉な黒い流れ（坎為水《かんいすい》）

黒々とした水が渦を巻いて流れています。上も水、下も水ですね。底の知れないような無気味さをたたえながら流れているときです。人生では、転落、流転《るてん》のときです。これは、そんな意味をもった卦です。悪い卦です。悩みの卦です。これも『易経』の中の四大難卦の一つです。

この卦が出たときは、あなたは、四苦八苦の状態に置かれているときなのです。水が二つも重なるのですから、激流に押し流されたり、渦に巻きこまれたりするときです。ですから、こんなときには、よほど不動の信念をもって、その激流を泳ぎわたる覚悟をしなければなりません。もし、おぼれたときには、不運とあきらめてください。こんなときのあなたは、なにものをも恐れない強い信念をもって、ただ一すじの真実の中に生きる以外にないのです。

もし、なにごともない平穏無事な人にこの卦が出たときは、詐欺《さぎ》、盗難を警戒してください。けがのおそれもありますし、愛情面でも一生回復ができないような傷をおうことが多いのです。

この卦を得てよいのは、学問、研究、宗教など、精神面に関することだけです。健康面でも、アル中（水には酒の意味があります）、慢性腎臓病《じんぞうびょう》、視力減退、精神錯乱、ノイローゼなどの症状があります。ふだん健康な人でも、過労のために寝汗をかくような状態ですね。

女性も生理不順で気分が重いときです。妊娠は難産です。ふた子の場合もあるでしょう。結婚問題も、やはり感心しません。ふつうの状態とはいえません。現在の苦難から脱するための政略結婚という意味もあります。男女ともに悩みがあるときでおたがいに結婚できにくい卦です。真心だけで結ばれる老人の再婚には吉《きち》なのですが……。

男性の場合は、再婚者が多く、ほとんど全部が、ほかに恋人をもっています。経済的には楽でなく、同じ仕事でも長続きしない人です。

女性の場合も、宿命的に、家庭の苦労を背負っている人が多いのです。精神的に悩んでいる人もあれば、物質的な悩みから、水商売に身を落とし、流転の一生をたどる人もあります。むかしならば、どんなに足ぬきして堅気《かたぎ》になろうとしても、それがかなわず、つぎつぎに転売された女性によく出た卦です。

とにかく、すべて、この卦が出たときは、洪水が引くのをじっと待つように、打開策など考えず、危険に近よらず待ちなさい。

＊

昭和三十四年の春、まだ肌寒いころですが、「スチュワーデス殺し」と新聞紙上で騒がれた事件をご記憶でしょう（ＢＯＡＣ〈英国海外航空会社〉の独身スチュワーデスの遺体が東京都杉並区の善福寺川《ぜんぷくじがわ》で発見された）。

知りあいの事件記者が、水に浮いていた死体が引きあげられたのを見ての帰り道、わたくしのところに寄り、このことを話したとき、占ってみましたら、この「坎為水」の卦を得ました。これは渦の中へ、ほうむりさられ、巻きこまれるという意味です。警察権もとどかず、警察もはっきり指摘できないということです。

容疑者のベルギー人神父が、某国軍用機で乗りつぎをして、国外に逃亡したことは、あなたもご存じのことでしょう。この事件は永遠の渦の中に巻きこまれ、迷宮入りしました。

☲☲

30

降りそそぐ太陽（離為火《りいか》）

初夏の太陽は、明るい日ざしを、燃えあがるような若葉にさんさんと降りそそぎます。むせかえるような若葉のにおいは、青年のあふれる情熱を思わせます。

この卦には、明るいとか、太陽とかいう意味があります。また、この卦は二つの太陽を意味します。形を見てください。火が二つ並んでいます。それは一つの太陽が沈んだとき、すぐ、つぎの太陽があらわれると考えればいいでしょう。

天皇が崩御《ほうぎょ》されると、間髪を入れず、皇太子が、皇位を継がれます。だから、皇太子のことを日継宮《ひつぎのみや》というでしょう。

さて、この卦が出たときは、どうすればよいでしょうか。

太陽は天に輝いてこそ太陽の価値があるのです。と同様に、あなたも、あなた自身が従属しているところ、依存している立場によって、自分の能力をフルに発揮することができるのです。

そういう意味で、この卦はとてもすばらしい卦です。実際問題としては、すべてに火を取りあつかうような慎重さが必要なときです。火は人間の生活に必要欠くべからざるものですが、使い方をあやまれば、危険この上もないものです。

気持ちの点では、火の燃えひろがるように、移りかわりの激しいときです。一日になんども気分が変わり、目的がつかみにくく、落ち着かないときです。

また火と火を重ねると、「炎」という字になるでしょう。恋愛、結婚では、おたがいが熱烈に燃えあがっている形ですが、同じ性質のために、足ぶみしている状態ですね。

また、あまり相手のことを知りすぎていて、いまさら魅力を感じないために、周囲が騒ぎたてても、当人同士はなかなか積極的に結ばれるところまで行けないことがあります。

結婚は話が二つ三つと複数で出てくるので、目うつりして、かえってうまくまとまらないことがあります。

＊

昭和三十六年九月二日号の週刊誌に出すために、七月二十七日に、プロ野球のペナントの行方について占いました。これは、その中の、稲尾《いなお》和久《かずひさ》選手のための占いです。

このときの卦が、「離為火」でした。これはすばらしいとわたくしは、思いました。

全球団の投手の中で、彼の運がいちばん強いのです。すごいファイトです。かなりの無理があっても、最後まで投げつづけるという意味をもっています。つぎに西鉄（現・西武ライオンズ）のチーム自体の運勢を見てみました。ところが、今年度の成績は「沢雷随」と出ました。「随」は、すでに説明しましたように、人について行くのにはよい運ですが、人について行くことは、トップにはなれないということです。

「西鉄の成績は、まあまあですね。しかし稲尾投手は、今シーズンはとてもよい成績をあげるでしょう」

結果は占いのとおりでした（七十八試合に登板し、シーズン四十二勝をあげる）。

慎重に、慎重に……おみごと！

31

新婚の喜び（沢《たく》山《ざん》咸《かん》）

「咸《かん》」とはものごとを敏感に感ずることです。「咸」という字の下に「心」をそえれば、「感」になります。感情、感覚、感謝、感傷、感泣などには、人の心の動きが敏感に表現されていますね。

運勢面では、感受性をなにより尊ぶべきときです。理屈や相談に時間をかけるときではなく、直感的、感情的に行動すべきときですね。そうすれば、事も打てばひびくようにまとまります。また、電報、電話などをフルに使えば効果もあがります。

あなたが男性ならば、情熱家で感受性に富み、思いやりがふかく、相手の気持ちにもよく気のゆきとどく人です。人にたのまれれば、自分の損得にかかわらず、ひとはだ脱ぐような親分はだの男性ですから、女性がほれないはずはありません。

あなたが女性ならば、ひじょうに夢想家的なところがありますが、感情はとてもこまやかで、動作もこまめです。ご主人に甘えながら、よくかゆいところに手のとどく奥さんになります。現在進行中の恋愛ですと、早くまとめなければ、チャンスをなくします。それには、真心をこめて相手につくしなさい。きっと相手もそれにこたえるでしょう。

この卦は、結婚にはよい縁ですし、まとまります。若い人の場合には、もうかなり進行したあとで、両親の許可を待つだけという状態でしょう。

＊

ある温泉旅館のお嫁さんの健康を占って、この卦を得たことがあります。見たところ痩《や》せていますが、この卦では、どこが悪いともいえません。神経が疲れて体が弱っているのです。というのは、「沢山咸」は、感ずるということですから、心づかいが多すぎることを意味するのです。

「ご家族や使用人が多いために、くたびれておいでなのですよ。ものごとはすべて希望どおりになるものではありませんから、少しのんびりなさったほうがよろしいのです。それよりも、あなたは、ご夫婦で親御《おやご》さんと別居して、新生活に入られたほうがよいですよ」

これが、わたくしの判断でした。

32

お茶づけの味（雷《らい》風《ふう》恒《こう》）

「恒《こう》」は「いつものとおり」「あたりまえ」ということです。「恒常」は、つねある姿、「恒産」は、定まった財産、「恒心」は、つねに変わらない心など、いつも同じ状態を保ちつづける言葉ですね。つねに現状維持が必要です。

結婚するまでは、花束をささげて求愛しつづけていた男性でも、一度結ばれてしまうと、彼女の上に君臨し、亭主関白となりたがるのが、人間現実の姿ですね。新婚当時は「あなたと呼べばあなたと答える」ような仲なのですが、それがだんだん落ち着いて、背中あわせになったところです。これは、体は一体となっているのですが、心は別々の方向にむかっている状態です。

年輩の夫婦だったら、まあ「お茶づけの味」とでもいうような、たんたんたる境地に達した状態です。若い夫婦の場合には、浮気をしたい気持ちがしきりに動くときですが、あなたの望むような方は、ちょっと見つかりません。それに家庭生活の負担まで考えると、踏みきりがたいときです。奥さんのほうも、生活にはいちおう不自由なくても、不平不満が生じています。「わたしはこれで十分満たされているのかしら」などと欲求不満になるときです。

しかし、とにかく夫婦の姿を正しく守っていれば平穏《へいおん》無事であるように、日常生活も、現在はみだりに方針を変えないほうが、よい結果を得られるという卦です。事業面でも、あまり方針を変えず、いままでどおり、着実にやっていれば、かならずうまくいきます。

＊

森繁久弥《もりしげひさや》さんは、映画に舞台に、タフな活躍、目ざましい進出ぶりでした。

「ところで、今年の芸能界の納税ナンバー・ワン、森繁さんの下半期の運はどうでしょう」と問われたのが、昭和三十六年七月三日でした。

それでわたくしは、まず、彼の今年の全般的な運を占って、「雷風恒」を得ました。

「『恒』は、つねを保つということですね。これはコマが激しく回転しているために、中心がしっかりして、立っていることができるような姿です。だから『恒』は、動中静ありといった運で、当人はひじょうに忙しい思いをしているのですが、周囲から見れば、彼としては、それが当然だと思われているのです。まあ夫婦間も、お茶づけの味ですね」と申しました。

33

さびれゆく町（天《てん》山《ざん》遯《とん》）

「遯《とん》」は、のがれるという意味です。運が衰えているとき、または立場に恵まれていないときには、どんな正論を説いても通らないのです。「遯竄《とんざん》」という言葉があります。逃げかくれるということです。この卦のときには、三十六計逃げるにしかずで、一時しりぞいてつぎの機会を待つべきですね。

一つの事業や家庭でも、衰退の気運があらわれているときです。すべてのことが、自分から逃げさろうとするのも時の勢いですから、どうにもしかたのないときです。見栄《みえ》や、外聞を気にしている場合ではありません。すべてを早く見切って縮小しなければならないときです。たとえば、経費のかかる大きな家を売り、小さな家へ引越して、生活のバランスをとるべきです。夜逃げどころか、首つり一歩手前ということもあるでしょう。

結婚は、話がとりとめなく、まとまりません。かりに結婚したところで、和合のとれるわけがありません。恋愛でも同じことで、性格的に合いません。どうしても女性の意見に

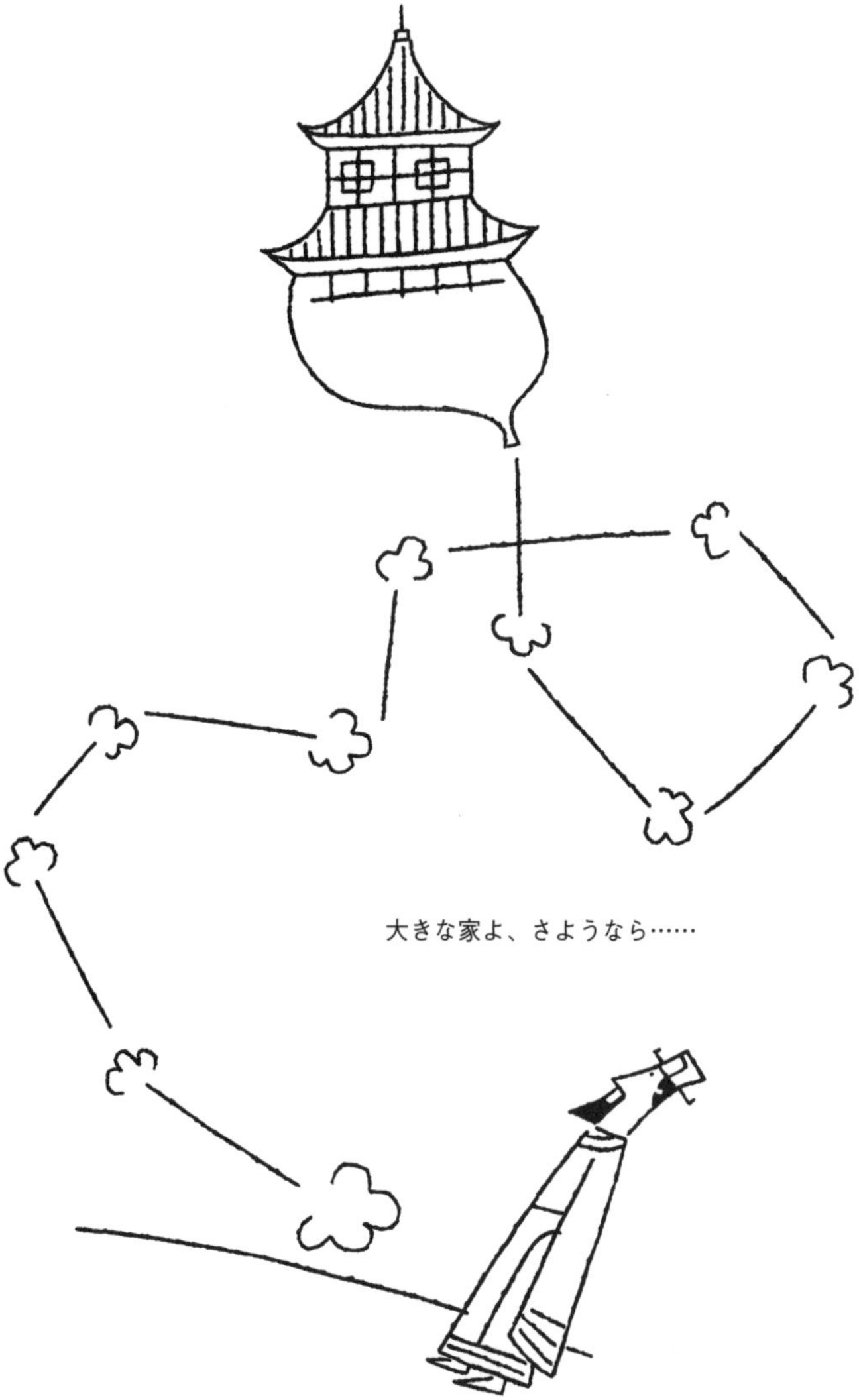
大きな家よ、さようなら……

おしまくられるおそれがあります。また、そうでなくても、相手は、ほかのことに気をとられ、あなたから遠のいて行きます。

しかし、この卦は、たとえば政治家では吉田茂《よしだしげる》氏、相撲では栃錦《とちにしき》のように、功成り名をとげた人には、よい卦です。また宗教家や隠居した老人などに、多く出る卦です。

また、人びとが衰運のときには、遊び金でもうける人は盛運となります。だから、この卦も、旅館、料亭など、お客相手の商売では、積極的に出てもうかるときです。また、映画、演劇、芸能面にも好調ですし、レコードならヒット盤と見ます。

＊

三カ月ほどまえの夕方、若い女性がみえたことがあります。ある事件に関連したために、夫が行方不明になったというのです。そして「わたしの夫は、はたして無事でいるかどうか」とたずねるのでした。

そのときに出たのが、この卦でした。これは現在、世間から逃避行の姿です。なにか金銭面にも義理を欠き、世間にも顔出しできない状態のようです。

わたくしは、「ご主人は、当分帰ってこられないでしょう。自分のおかした罪のつぐないがかたづけば、帰ってこられるかもしれません」と申しました。まだ、その結果は聞いておりませんが、おそらく、まだ、その逃避行は続いているのではないかと思われます。

34 いさみたつ馬（雷《らい》天《てん》大《たい》壮《そう》）

「大壮《たいそう》」とは、大きく盛んという意味です。ちょうど、ダービーのつぶぞろいの駿馬《しゅんめ》がスタートを切って、勢いよく疾走していく状態に似ています。

このようにすべてのものが、時の勢いにつれて盛んになると、急ブレーキがかけにくくなるものです。強い運のときほど、とかく進みすぎる傾向がありますから、日常の生活には、ほどよくたづなをひきしめる必要があるときです。

「壮麗」「壮挙」「壮図」など「壮」はすべてが大がかりな意味をもっています。まえの「遯」とは逆に、勢いの強い陽が進んできて、すべて陰が消されていく形ですから、にぎやかなこと、大がかりなことに関係があり、個人的にも事業を拡張したりして、外部にポイントを置いているときです。

しかし、あまりやりすぎて、ブレーキのきかないこともあるのです。暴走して人をひいたり、衝突したりする危険があるでしょう。

青年は血気にはやり、才人は才におぼれ、金持ちは金にものをいわせすぎるときです。天候ならば夏。晴れた日のから雷。大きな建築場のように騒音の激しい場所。かけ声だけがすごく強い人間などという意味があります。

結婚は、こちらから無理にまとめようとすると、とかく失敗しやすいときですが、一歩しりぞいて、やさしいサービスを怠らず、粘りづよく精進すればまとまるでしょう。

あなたが男性ならば、タフで精力過剰のため、女性の健康はそこなわれがちです。仲よくても、家庭だけでは、まにあわなくなるときです。

あなたが女性ならば、ちょっと悪い卦です。しかし、女性でも事業家だったら、男性なみ以上の仕事ができます。多分にM（男性的気質）を体内にもっているからです。

若い人たちならば、グループ活動も盛んで、ハイキング、旅行、登山などに出かけるときです。ただし、勢いのおもむくままに一線を越えて、あとでトラブルを起こさぬようにしてください。

＊

昭和三十四年の春、高川格《たかかわかく》氏（棋士。当時、八段。二十七年、第七期本因坊《ほんいんぼう》となり、三十五年まで九期連続本因坊位保持の新記録を樹立。五十三歳で名人位についた）と木谷《きだに》実《みのる》氏（九段）とが本因坊を争ったときのことです。

あるグラフ雑誌の記者に依頼されて、高川氏の今回の勝敗を占いました。このとき出たのが「雷天大壮」でした。

「これは、おおいなるもの、盛んなりですね。たいそう強いということでしょう。これは、進軍です。ひたひたと軍を進めて、一歩敵地に侵入した形です。だから、じりじりともっていって最後に勝つということですね」

占いのとおりになりました（高川氏が四勝二敗で木谷氏を下し八連覇達成）。

馬よりも速く、
走ればいいってものじゃありません

35 希望にもえる明るい朝（火《か》地《ち》晋《しん》）

希望にもえる明るい朝が来ました。下に地があり、上に火があるでしょう。地平線を離れた太陽はぐんぐんのぼり、やがて中天に輝くようになります。朝は一日の出発点です。すべての活動の開始のときです。気をひきしめて、ファイトを出して目的に進むときです。

また言葉からこの卦を見ると、「晋《しん》」は、進むということです。「晋《しん》」は「進《しん》」と同音同意です。この卦のもっている意味は、原典の中につぎのように書いてあります。

「諸侯が馬を走らせ、一日の中になんども王のご前に伺候して忠誠をつくし、明君の知遇をうけ、その任務の多忙なのにむくいられ、たくさんのごほうびにあずかる」

ということです。

あなたがサラリーマンなら、この卦が出た場合は、運気が盛大にむかっているときです。会社でひじょうに多忙なときでしょう。

むかしの人が馬を使ってスピードアップして仕事を早く処理したように、あなたも自動車をフルに使って、立身出世のチャンスをつかめるときです。あなたは目上の人から注目されているときですから、抜擢《ばってき》されるでしょう。そして、昇進のときです。転勤などで、住居の変動もあるときです。

地平線に太陽が出ているのですから、商売、事業の面でも成績がこれから上がるときになっています。すべてよいほうにむかって変化しつつあるのですから、積極的にお進みください。一時的には親しい者と別れるようなことがあるかもしれませんが、古い友だちと久しぶりにめぐりあったり、仲たがいした者同士が和解したりするようなこともあります。とにかく目的にむかって前進すべきです。

すべてのことに明るいニュースがあるときです。

もちろん結婚にもよい卦です。新世帯をもって、これから出発しようとしている人たちにはぴったりです。こんなときには目上の女性で相談相手になってくれる人がいて、その方がなにもかもお世話してくださるでしょう。

たとえていえば、かしこいお母さんが娘の行く末の幸福を思って、生活面のことやら、住居のことなどに、気をつかってくださいます。

ただ、この卦の中に含まれている悪い面を見ますと、会社や団体内での嫉妬《しっと》も激しいと見るのです。男女ともに、目的を達するまでの妨害、事故は相当に激しいと思わねばなりません。

＊

あるこどもさんの入学を占って、S高校に「晋」、K高校に「帰妹《きまい》」を得ました。この場合、S高校のほうにはパスすると判断できました。「帰妹」はあとで説明しますが、「おくれてととのう」という意味がありますから、補欠で通ると判断しました。

結果はまさしくそのとおりでした。

希望にもえる朝、目的にむかって前進！

36

地下に没した太陽（地《ち》火《か》明《みん》夷《い》）

「明夷《みんい》」とは、明るさを破るということです。これは地下に太陽が没して、月もない暗い夜です。足もとが見さだめがたいときに、行動するのは危険ですから、どんなに急ぐことがあっても、夜の明けるまで待つ気持ちのゆとりがたいせつです。もちろん運は弱いときです。太陽のあたらないところでは、あなたの正しい姿を相手にわからせるのは無理なのです。

才能があっても、それを発揮すれば、人にねたまれることになります。あなたのもっている才能、実力、物質に対する周囲のジェラシーが激しいときなのです。

家庭的にも、なにかと気のめいりがちなことが起きやすく、対外的にも、おたがいが疑い深くなったりしがちです。事業面では、すでに傷を負っているときです。少しぐらいの損害なら早く見切って、これ以上、大きい被害をこうむらないよう、なんとかして手を引くことです。しかし、目立たない地味な研究室でやるような仕事にはよい卦です。

夜は暗いから十分睡眠がとれて、気力を回復させることができます。この卦のときは、わたくしたちも体力をつくりつつ、内面充実をはかるときと思えばよいでしょう。

明るさが傷ついているときですから、正式の結婚によいはずはありません。破婚のエレジーに泣くときです。ただし、日かげでよいと思うほどの熱情があれば話は別です。

『易経』の原典には、文王《ぶんおう》という人の例がひいてあります。これは殷《いん》という時代の諸侯のひとりです。当時暴君の見本といわれる紂王《ちゅうおう》は、暴虐《ぼうぎゃく》がすぎて民心を離反させ、天下の人心はこの文王にあつまってきたのです。紂王は革命をおそれ、文王をとらえて、羑里《ゆうり》という所に幽閉《ゆうへい》してしまいました。文王は争わず、自分の明知と人徳をかくして時を待ち、後に殷をほろぼして、周代《しゅうだい》の祖となったのです。夜明けのまえの一時は、時間も長く、闇も濃く感じられるものですが、このように歯を食いしばって、じっと時を待つ覚悟は、このさい、なによりも大事なことです。

日本では、大石内蔵助《おおいしくらのすけ》が、仇討《あだう》ちの志をかくして茶屋遊びにふけったという例もありますが、とにかくばかになったつもりで、自分の目的、才能をかくしきらなければいけないときです。

＊

三年ほどまえの三月、あるどんよりしたくもり日の午後に、年ごろ三十五、六の男の方が、訪ねてこられたことがあります。一目見ただけでも、事業、仕事の面での心配だということはわかりました。この人は、なにかの救いを求め、その手がかりをつかもうとしているのです。

お話をうかがうと、ある研究を事業化して失敗なさったということでした。わたくしもほんとうにきのどくに思ったものですから、どうか、このお方のために最善の道をおしめしくださいと心を正して占ったのです。そのとき、得た卦が「明夷」でした。現在の、このお方の苦難がよくあらわれています。といって、はっきりそういって、人間の望みを失わせることは、占いの道では禁物なのです。悪ければ悪いなりに、どこかに活路を見いだしてあげることが、わたくしどもの心がけの一つなのです。

わたくしは、だまってこの方の顔を見つめました。これは人相になりますが、皮膚の色の悪い下には、少しずつよい色が出はじめているのが見えますし、また体全体からにじみ出す雰囲気の中に、まだまだ回復の気力が十分にのこっているのを見たのです。わたくしは、この人の悪運は一時的な状態だと判断しました。

「あなたの現在の運はけっしてよいとは申せません。事業面では資金のこげつきで動きがとれないでしょう。でもそれは、相手方だけが悪いのではなく、あなた自身の計算の甘さにも責任があったはずです。でも、あなたには、まだのこされた資本がおありでしょう。

たとえ一時は、ご損をなさっても、のこりのお金と、未回収のお金と、土地、不動産などを使えば、あなたの才能がおありになれば、かならずつぎの機会をつかめます。現在はどんなことがあっても、力をたくわえるときと思っておあせりなさいますな。かならずよかったとお考えになるときが来るでしょう」

こうお話ししているうちに、このお方の顔は見ちがえるように明るくなってきました。そして足どりも軽く、もう一度、資金をつくってやりなおすといって、帰って行かれたのです。

もし、このお方が、人生に疲れきったお年寄りならば、わたくしも、こういう判断はできなかったでしょう。「あなたには事業より健康がたいせつですよ」と申し上げたにちがいありません。

若いこのお方には、まだ、それだけの運があると思えばこそ、わたくしはそう申し上げたのですが、翌年の一月になって、このお方は見ちがえるような元気なお顔で、わたくしのところへ見えられたのでした。

もう一つ例をあげましょう。昭和三十五年に優勝した大洋（現・横浜ベイスターズ）の三原脩《みはらゆう》監督について占ったのは、昭和三十六年のはじめでした。まだファンは昨年の優勝の夢を見つづけているところでした。

「とにかく、知将三原というくらいですが、今年はどうでしょう」と、質問されました。
「知将かもしれませんが、方針をあやまると失敗することはありますよ。才子策におぼれるというところがあります。残念ながら、今年の大洋の成績はかんばしくありません。まず、優勝の期待はもてません」

三十六年度の大洋の成績について出した卦が、「地火明夷」でした。これは太陽が地下に入った形です。すなわち、夜の卦です。また、傷つき敗れるという意味ももっています。知将といわれる三原監督は、今年一年休養して、一策を練っているのではないでしょうか。

もう一つ有名な占例をあげましょう。

文化二年十二月冬至の日、土御門《つちみかど》家《け》従三位《じゅさんみ》安倍《あべ》泰栄《たいえい》がみずから明年の安否を占って「明夷」を得ました。当時江戸末期の日本の易学の大家である真勢《ませ》中州《ちゅうしゅう》の門弟であった松井《まつい》羅州《らしゅう》は土御門家の教授として易の講義をしていましたので、この卦に対する解釈を求められたのです。

「『明夷』は明るさを破る、太陽が地下に没した形、火が燃えてしまったあとの暗さ、おそらく火難でしょう。国内の安否を占って『明夷』を得たことは、相当なる被害を予期しなければいけません」と羅州は申しました。

翌年、文化三年三月四日に、江戸は大火に見舞われたことが記されてあります。

37

火を守る女（風《ふう》火《か》家《か》人《じん》）

「家人《かじん》」とは家の人ということです。外で働いたり、戦ったりしてきた男性を、家庭で暖かく迎えるのは女性の役です。

火が暖かく明るいように、女性は男性をなぐさめ、いこいの場を与えるときです。むかしの生活では、いちばんたいせつだった火だねをたやさずに守っている女の姿です。そういうわけで、これは、ひじょうに女性的で、家庭的な卦です。

人間の性格から見ると、女性は女らしくしてよいのですが、男性が女らしくしては、これはちょっと困りものです。

もし、あなたが男性ならば、W（女性的気質）過剰の男性といえましょう。台所から戸じまりまで、よく気のつくご主人ですから、家計簿まできちんと調べて、生活の不安など、けっしてないようにしてくださるでしょう。恋人としても、やさしく女性をいたわる男性です。

しかし、男の方に、この卦が出たときは、おとなしい、内輪的な意味がありますから、急速な事業の発展は望めないときです。外へ進出するよりも内部をかためるときです。内部に火の暖かさを求めるということは、外部に冷たさがあるからだともいえるでしょう。事業面でも、解決しなければならない問題が横たわっているといえます。が、外のことより内のことを注意してください。

こんなときにあなたは、自分だけの意見にたよらず、親、目上の人、専門家の意見をよく聞いて、あなたの力の充実をはからねばならないときです。

女性には、女らしいよい卦です。家庭の妻は慎しみ深く家庭を暖かにし、寝室の中でも、あまりチョーチョーナンナンとせず、愛撫もまた度を越してはいけないという良妻賢母の理想をあらわしています。それは、女性はいつも男性のために暖かい火を守る女性であってほしいということなのです。

＊

秋雨の降る日でした。三十五歳ぐらいの奥さんに、ご主人の事業について聞かれたことがありました。そのとき得たのが、この「風火家人」でした。

「ご主人の事業と見れば、積極的に仕事に乗り出せない立場にありますね。しかしあなたが、ほんとうに聞きたいのは、愛情の問題、三角関係の問題ではありませんか」

女性の暖かさが家庭をつくる！

奥さんは顔をあからめて言葉をにごしました。

「わたしにはこどもが、まだできないのです。主人は別の女の人と関係して、なかなか家に帰ってきません」とおっしゃるのです。

「あなたにはこどもができます。『家人』というのは、家を守る人、長男ができるという意味にとれるからです。いましばらく、事業が成功するまで、つとめて平静にしていらっしゃい。ご主人も家庭に帰っていらっしゃいます」

奥さんは、少しは不満の様子でしたが、いちおうは納得して帰って行かれました。そして卦の注意をよく守られ、いまではふたりのこどもとご主人と明るく暮らしていらっしゃいます。

38 相そむくふたり（火沢睽《かたくけい》）

「睽《けい》」は、異なる、相そむくということです。

この卦の形は火と沢の組み合わせでできています。火は燃え上がり、沢の水は下で落ち着いています。しかし、火も水も相異なり、相そむく性質のものでありながら、わたくしたちの日常生活には欠くべからざるものなのです。これを人間で見ますと、火のようなはでな性質と、水のような静かさをもっている性質とでできた卦です。

たとえば、旦那《だんな》さんがすばらしい男性なのに、奥さんはあまりきれいじゃないわ――とかげ口をきかれても、それはそれなりに、他人にはわからないよさもあるものです。またその反対に、すばらしい美人が平家蟹《へいけがに》みたいな旦那さんをもって、よく満足しているなと思われても、それはそれなりに、他人にわからないよさがあるものです。このように、この卦では、おのおのは表面ではかけはなれているようですが、内面に一致したところがあることを教えています。もちろんこれは夫婦の場合にです。

ですから、結婚は、どうも家庭内の反対のためにまとまりにくいときです。また恋愛でも、まったく性格がちがい、うまくいきません。事業でもやることなすこと、すべて食いちがいが多く、内部が円満にいかず、勢力争いをしているときです。新しくはじめることは、すべておやめください。

しかし、この卦は「小事に吉」と原典にあります。ですから、日常生活ではよい卦です。すでに結婚した人たちには、あんがいいい卦です。表面相そむくようでも、中身はピッタリという感じです。

＊

大毎オリオンズ（現・千葉ロッテマリーンズ）の宇野光雄《うのみつお》監督を、昭和三十六年の四月に占いました。すばらしい運勢でした。そして、ついでに大毎の運勢を見ました。「火沢睽」でした。この卦は、意見のちがう人間のあつまりで、その主張がまとまらない卦です。相そむく、そねむ、異なった行動――けっきょく、チーム自体がまとまらないことを示しています。そこで、どうしても優勝するチームではないと思い、そう書きました。

39 寒さにこごえる足(水山蹇《すいざんけん》)

動きのとれない悪い卦です。これも、四大難卦の一つです。

「蹇《けん》」は、足なやむということです。寒さのために足がかじかんで、十分に歩くことのできない状態です。こんなときには、険しい道を避けて、平坦《へいたん》な歩きやすいコースを選び、力強い人の助けがほしいときです。

「蹇を見てとどまるは知《ち》なるかな」

という言葉が『易経』の原典にあります。危険信号を見て、ブレーキをかけるのは、自分自身を守るための常識にすぎないといえるでしょう。

山の上の水は、岩や木の根に妨げられても、谷川となり、大きな川に流れこみ、やがては大海にそそぎこむように、わたくしたちが自分の徳のたりないところを改めながら、時期を待てば、やがて希望が達せられるのです。

あなたに、この卦が出たときは、むだに時間を浪費せず、知識を吸収し、時が来たらす

気ばかりあせっても足は動かず

ぐ活動できるように、ちみつな計画を暖めておくべきです。

　こごえた足では出発はできません。しかし、当面問題、日常のことは、艱難辛苦《かんなんしんく》、トラブルの連続です。一難去ってまた一難というように、盗難、詐欺、水害などのおそれがあります。人により、所により、時によって、よく判断してください。

　計画、希望なども、いいアイデアをもっていても、すぐには達せられません。時間をかけてじっくりやることです。

　縁談はうまくまとまりません。どうしても進めません。縁そのものがよくないのです。見送ってつぎの話をお待ちください。

　こういうときには、三角関係どころでなく、五角、六角関係というように複雑な関係の深みに落ちこみやすいのです。

あなたが女性の場合は好きな人がふたりあって、どっちにしようかと迷っているところへ、もうひとりの求婚者があらわれたり、または、あなた自身の家庭の事情があって、どうにもならない感じです。あなたが男性ならば、とにかく、もつれきった愛情のときで、どうにも動きがつきませんね。

日常の問題でも、急いでいるときタクシーが来なかったり、雨宿りしなければいけなくなったり、あなたがほしいものがあるのに、お金がなくてがっかりするときです。

＊

鳩山一郎《はとやまいちろう》内閣の組閣寸前に、焦点を政治問題に絞って、だれがつぎの首相になるかを占って、この卦を得ました。

「跛《あしなえ》の山越え」という意味ですから、これは鳩山さんにぴったりです。ルーズベルトも小児マヒで、しかもあれだけの大政治家となったのですから、鳩山さんもかならず首相の座につくだろうと、わたくしは人に申しました。あとで大阪のK先生も、やはり同じ問題を占って、この卦を得られたそうです。易占いの神秘をあらわす一つの例ですね。

もう一つ歴史的に有名な例をあげましょう。

伊藤博文《いとうひろぶみ》は自分の養子に、易のうまい高島嘉右衛門《たかしまかえもん》の娘、たまを迎えたほどの親交のあいだからであったのです。そのころの名士は易学を教養として身につけていたのでした。

そして、彼もまた易に対して深い理解と信頼をもっていました。ハルビン（満州）におもむく前、あるとき、彼は嘉右衛門のもつ、北海道石狩《いしかり》の農場に宿泊しました。そのときつくった「石狩客次《きゃくじ》」という詩の中に、「蹇蹇匪躬《けんけんひきゅう》奚《なん》ぞ帰るを念《おも》わん。満天《まんてん》の風露《ふうろ》、征衣《せいい》を湿《うる》おす。秋宵《しゅうしょう》石狩山頭の夢。なお、黒竜江《こくりゅうこう》上に向かって飛ぶ」とあります。「水山蹇《すいざんけん》」の中の、「王臣《おうしん》、蹇々《けんけん》躬《み》のゆえにあらず」という言葉から、この詩をつくったのです。

これは君主を助け国難に身をもってあたるには、自分自身の吉凶をかえりみない、危険ということは知りつつも、国の困難な使命のためには出発しなくてはならない、こういう彼の心境をのべたものです。

その後、明治四十二年十月、ハルビンで韓人安重根《あんじゅうこん》に撃たれたことは、もうみなさんご存じのことです。伊藤博文は凶占《きょうせん》であることを知りつつも国外へおもむいたのでした。

40 春とける氷（雷《らい》水《すい》解《かい》）

冬のきびしい寒さから解放されて、暖かい春が来ました。いままで堅く凍っていた水面も、春のきざしとともに、徐々にとけはじめました。長い凍結から解放されて、人も船もあらゆるものが動きはじめるようになりました。

船のともづなを解いて、あなたは、希望、目的に積極的に活動をはじめるときです。「解《かい》」とはこのような状態をいうのです。難問氷解とはこれから出た言葉ですね。

また「解」の字を字源的に分解してみると、「力」で「牛」の「角」をさくということです。「分かつ」という意味ですから、よくわかるということです。解釈、解決、解放、解散などの言葉の意味をみなさんもよく理解できると思います。

あなたにこの卦が出た場合は、即時即決の手段がよいときです。日常生活は、スピードアップのときです。またタイミングのよさがあなたに幸運のきっかけを与えるときです。それに、あなたの協調性が効果を大きくするでしょう。いままで苦しかったことから解放されて、運機があらたに好転する進行形をあらわしています。しかし「解」には「ゆるむ」という意味もありますから、気をゆるめてはいけません。

これを、正式の結婚と見れば、いままでもたついていた悩み、迷いが解けて喜びを見るときです。ただ逆に、婚約中だとすると、解消になるおそれがあるときです。

日常生活で気分のうっとうしいときは、ジョギングなどのスポーツで健康を取りもどします。それは、あなた自身が自分で不健康な状態から解放されることです。恋の悩みも積極的に自分で解いてください。また住居に苦労のある人も、積極的に捜せば、悩みが解消してよい家が見つかるときです。

＊

わたくしの知人で、ある官庁につとめている、若い男性がいます。

彼は学生時代からの四畳半の下宿に住んでいましたが、いよいよ結婚することに決まり、いろいろ部屋を捜しました。しかし、なかなか、よいところが見つからず、どうしたらよいかと相談にみえました。そのときの卦が、この「雷水解」でした。

「『解』には積極的に動いて悩みが解ける意味があるのです。だから、動けばきっとよいところが見つかるでしょう」

「もう十分に積極的に動いているのですが」と、彼はもう困りはてた様子でした。

「これは原典に『西南によろし』とありますから、まず、西南の友だちか知りあいの方にあたってごらんなさい。きっと手がかりがあるでしょう」

いま彼は、そのとき捜した大井町《おおいまち》のアパートから丸の内にかよっています。そして、二世の誕生もまぢかいとか。

雪どけとともに、すぐカギを解く

䷨

41 愛のこもった贈り物(山《さん》沢《たく》損《そん》)

「損《そん》」は損得の損ですが、いわゆる、むだな損失とか損害という意味ではありません。失うことでなく、与えることです。他人のために自分の物を与えるのです。損が、ただのマイナスではないことがおわかりでしょう。かならず返ってくる損です。

仏教の「喜捨《きしゃ》」という言葉は、喜んで捨てて自分も満足し、相手も喜ばせるということです。あなたの心からの愛のこもった贈り物は、その多少にかかわらず、きっと相手を喜ばせることができます。

あなたにこの卦が出た場合、出費はまぬがれません。しかし、それはなんらかの形であとで返ってくるお金なのです。一種の税金のようなものです。父親が給料をとってきても、自分ではそのうちのほんの一部しか使わず、家族を養い、こどもたちが成長していくようなものです。事業の面では手元の金を減らして、外部に投資し、将来、そちらから収益をあげることのできる状態ですね。

若いふたりが愛しあったとします。男性は愛情のために、自分のたいせつな生命を減損して女性に喜びを与えます。と同時に、自分も喜悦を味わうことができるのです。これは損のいちばん適切な例です。結婚には、これほどいい卦はありません。夫婦和合の卦です。ことに男が養子に行くか、女の家族といっしょに住むには大々吉の卦なのです。

＊

ある奥さんが、外地から引きあげてこられたご主人のため、自分の不動産の一部を処分して投資されました。しかし、結果がうまくいかないといって、来られたことがあります。

そのとき出たのが、この卦でした。

「いまは思わしくなくても、あとできっとよくなります。損には損保という意味もありますから、一時、銀行からでも融資を受けて、回転資金を増すことですね。これは、あなたのご主人に対する愛の贈り物です。あと一息の辛抱で、かならず利益があがりましょう」

と、わたくしは申したのです。

ぼくそのものが愛のこもった贈り物

42

おおやけのための事業（風雷益《ふうらいえき》）

「益《えき》」は利益の益で、「ます」と読みます。「益」といえばすぐ、もうけることを考えがちです。もちろん、あるときには、もうけを意味することもあります。しかし、「益」のほんとうの意味は、公益優先ということなのです。窮境を打開するために、積極的に、あらゆる困難を克服して、はじめて喜びが得られ、精神面でも物質面でも、豊かさと活力が増進してくるというのが「益」のもつ意味です。

昭和三十九年に開催される東京オリンピックのために、道路をつくったり、施設をもうけたり、あらゆる準備をするためには、目先の小さい問題はしばらくストップして、オリンピックに力を集中することも公益優先「風雷益」の「益」そのものです。

たとえば、政府が、開拓とか道路開発などの事業を敢行し、生活の基盤を与え、また完成した施設によって利益をはかるようなものです。土木事業などには最高の卦です。

また、この卦は形から見ると、上は風、下は雷です。ともに動く意味があり、すべて積

まずは公益を優先した一仕事

極的な活動によって、その成績があがるときです。だから、あなたにこの卦が出た場合、日常生活に活気があふれています。

仕事のうえでも忙しいときです。サラリーマンは地位の昇進があり、また目上や先輩などの引きたてがあって、予期以上の成績をあげることができます。住居などにも移動があり、また動いたほうがいいでしょう。農作物は、豊作です。

しかし、ここで、あなたがより以上の利益をあげたいなら、もっともたいせつなことは、あなたの計画性のいかんによるのです。それにうわっ調子にならず、ルーズにならず、競争者に負けないファイト、これさえあれば、成功うたがいありません。この卦のときには、もう目のまえに、希望がはっきり見えているときですから、張り切って前進するのみです。自分の利益よりも人の利益を先に考えてあげることによって、あなたが成功するのです。

結婚は、良縁です。しかし、にぎやかな卦ですから、はたからの口出しがうるさいときです。早くまとめるのがよいでしょう。結婚式などもはでで、お祝い物なども見栄《みえ》を張るときです。恋愛も親同士が認めた場合が多く、正々堂々とデートできる幸福な組み合わせです。

＊

いまから二年ほどまえ、ひとりのエンジニアが来ました。話を聞くと、この人は、大会社につとめていたのですが、病気のために退職したというのです。そして、新しい仕事を必死になって捜しているというのです。

この卦が出ました。この人のあわれな状態とは、まったくちがう活気あふれる卦です。

わたくしも、この人のために喜びました。

「あなたは、あちこちに履歴書を送っているでしょう。ここ一週間か、十日ぐらいのあいだに、うれしいニュースが得られます。これは公共事業という意味がありますから、大きな団体、または役所関係の仕事です」と申しました。

それから一カ月後に、彼の希望に燃えた手紙をもらいました。

43

月にうそぶく虎（沢天夬《たくてんかい》）

この卦のいちばんのポイントは、てっぺんに一つの陰があり、下に五つの陽があって、その陰にむかって叫び声をあげているところにあります。

たとえば、為政者が民意をおろそかにして、独裁的な政治をとったために、国民が不平不満の声をあげている形とも見られます。韓国の李承晩《りしょうばん》政権（一九四八〜六〇）が、長く利己的な政治を行って、民衆の声を聞くことをおこたったために、ついに革命的な暴動を巻きおこしたときの直前の姿ともいえましょう。もう少し古い例では、ヒットラーにぴったりでしょう。

彼が特異な才能をもっていたことは、その敵でも認めますが、その才能は鋭角的で、円満さ、慎重さ、慈悲心などを欠いており、人の意見を聞きいれず、自分の盲信を一方的におし進めたのです。その結果、彼は大戦を起こして、民衆を血なまぐさい戦場へ送りこみ、またアイヒマンなどに命じて、大虐殺を行わせたのです。ヒットラーの叫び声がつぎつぎと巻きおこした惨事です。

しかし、追う者が、追われる立場となり、アイヒマンなどは十五年にわたって追跡されてとらえられ、法廷にひきずり出され、ユダヤ人によって糾明《きゅうめい》されたではありませんか。

「夬《かい》」は、決議、決断、決定などの言葉があります。また判決という言葉があります。ものごとを、ひとおもいにかたづけるという意味をもっています。

たとえば、正しい意見をもった者が、不正な者を裁くときに、たとえ危険が伴っても断行しなければならないときです。

「夬」は、このような激しい意味をもった卦なのです。そして、この卦が出たときは、山の上の一本松のように、自分だけが孤立した環境または心理状態に置かれている場合が多いのです。中国の古典『聊斎志異《りょうさいしい》』の中の「山月記《さんげつき》」の中に「残月《ざんげつ》の賦《ふ》」というのがあります。

この主人公は、たいへん詩才にたけた秀才だったのですが、その才能を認められないために、世をなげき、人をのろっていたのです。

あるとき、酒を飲んで気がついたときには、すでに虎《とら》に変身してしまっていました。しかたなく、彼は山にこもってひとりさびしく月にむかって、世に入れられないさびしさを咆哮《ほうこう》していました。

いくら特異な才能があっても……

そこへ彼の旧友が通りかかったとき、彼は姿も見せず、自作の詩を伝えて、世に出してくれとたのみました。友人が、なぜ姿を見せないかとたずねますと、彼は、「お前を見れば食いたくなるだろう。百歩行ってからふり返ってくれ」と答えたのです。

この友人が、その言葉どおりにしてふり返ると、月にむかってさびしげにうそぶいている一匹の虎を見ました。この孤独な虎ののこした「残月の賦」という詩は、「沢天夬」の卦そのものといえるでしょう。

この卦は、ひじょうにきびしい危険をはらんでいます。また極端な一面をもっています。もし、この卦が出た場合には、実際面では、できるだけ気をやさしくして、外部に従順さをあらわさなければいけません。

これを仕事の面で見ますと、じりじりと下から上へ下克上《げこくじょう》の空気があるときなのですから、瞬時の油断もできないときです。またけんか口論が起こるときですが、暴力だけは用いないでください。

また、あらゆる点で、勢いが強すぎて失敗するときです。いろいろな事業に手をひろげて、出血多量におちいったり、自分の力以上の仕事を背負いこんで、体力を消耗したり、ひどいときには過労でたおれたりするときです。約束、文書などについて、もめごとがあり、ひどいときには裁判ざたになるでしょう。

恋愛の場合にも、一方的に熱をあげすぎている形です。もう、いいも悪いもなく、足駄《あしだ》をはいて首ったけです。相手の気持ちはどうあろうが、こちらひとりでカッカッとなっているのですね。一歩も二歩もさがって思案なさいという教えは、ここにも当てはまるのですが、実際はもう、どうにもならないでしょう。

結婚から見ても、よくない縁です。陰陽のバランスがぜんぜんとれていません。夫婦間でも、もめごとがたえず、離婚の一歩手前のような状態でしょう。

あなたにこの卦が出た場合、危険ですから、もう一度気分が落ち着いたとき、その問題を別の面からあらためて卦をとりなおしてみたらどうでしょう。

＊

江戸時代末期の先覚者、佐久間象山《さくましょうざん》はすぐれた洋学者であると同時に、また「易」にも深い理解を示しました。そして、自分でもなにかあるたびごとに、筮《ぜい》をとり、易の教えにしたがっていました。

ところが、一橋《ひとつばし》公のまねきによる京都行きのときだけは、占わなかったのです。門人の北沢正義《きたざわただよし》が、その理由を象山にたずねたら、「いまは、自分のことよりも、国家の問題が大事である。自分の身になにが起ころうと、わたしは、すでに行くと決めているのだ」と答えました。しかし、師を心配する門人のたのみをことわりがたく、筮をとって得た卦が「沢天夬」でした。

まさに孤独で危険な卦です。

しかし象山は、はじめの計画どおり、京都行きを決行しました。そして京都で、中川宮家《なかがわのみやけ》からの帰途、三條木屋町《さんじょうきやまち》で、ある浪士におそわれ、愛馬「王庭《おうてい》」の上でたおれました。

この報を聞いた門人の北沢は、易の非情さにただ暗然たる思いをしたということです。

44

ふとした出会い（天風姤《てんぷうこう》）

「姤《こう》」は偶然に出会うということです。紹介もなく、手順も踏まずに偶然に会うことです。日常のことでもひどく偶然の出来事に支配されやすく、それに突発的な事件も多いときです。思いがけず恋をしたり、思いがけず別れたり、菊田一夫《きくたかずお》（劇作家・演劇プロデューサー）のドラマのようなことが起こります。

ふとしためぐりあいから、いろいろの物語が生まれてきます。この卦は『白蛇伝《はくじゃでん》』の白《しら》姫《ひめ》を思い出させます。白姫はただ美しいばかりでなく、かしこく、それになにか深く人をひきつけないではおかない力をもっている女性でした。彼女にふとめぐりあったばかりに、まじめな青年は恋のとりこになりました。この恋から、けっきょく幸福は得られませんでした。しかし、恋が不幸に終わろうとも、たのしく過ごした日々の思い出は長く心にのこるものです。

また、この卦の形も見てください。ひとりの女性に五人の男性がのっかっています。だから、あなたが女性ならば、バーのマダムや、水商売にむいている性格です。

さらに、「姤」は「女さかんなり」と原典の『易経』にありますので、女性がリーダーになってやる仕事は、成功するでしょう。高価品、特殊品の売買には利益があがります。アクセサリーや化粧品などの商売もよいのです。

しかし、結婚にはもっともよくない卦です。ひとりの女性にたくさんの男が会いに来るからです。女性自身に悪意がなくても夫に死別したり、離婚したり、再婚してまた失敗したり、宿命的な不運をもっている人が多いのです。

あなたが男性ならば、現在結婚の意志をはっきりもっていないときです。女性とは、ただ会うだけで満足してしまいます。目的のない日々をなんとなく遊びの中に過ごしていることが多いときなのです。偶然にあう災難、詐欺《さぎ》、損害などこうむりがちなときです。

＊

漫画家のY先生が、お話のついでに、ラジオのシナリオにどんなものを書いたらいいだろうと、冗談まじりにいわれたことがあります。そのとき出たのが「姤」の卦でした。「これは偶然に会うということですから『めぐりあい』でしょう」とわたくしは申しましたが、Y先生はそのままシナリオをお書きになり、後日、たいへん好評だったと喜んでいただきました。

45 にぎやかなお祭り（沢《たく》地《ち》萃《すい》）

にぎやかな、祭りばやしが聞こえてきます。わっしょい、わっしょいと、みこしはかつがれ、そのあとに続く大人もこどもも、日ごろの気持ちとうって変わった、なごやかさをもっています。「萃《すい》」は、あつまる、あつめるということです。人がたくさんあつまりにぎわう意味なのです。

しかし「あつまり」といっても、「萃」のもつ『易経』の中の意味は、王が祖先の廟《びょう》に参り、盛大な祭りを行い、大きな犠牲《いけにえ》を捧げて、心から祖先の霊に感謝し、その気持ちをもって政治を行う祭政一致をあらわしています。これが政治のポイントになっていたのです。王はこのように民心をあつめていました。しかし、このように人が大勢あつまれば、いいことも多いかわりに、競争意識も激しくなり、事故も起こることはしかたがありません。

現代でいえば、大都会では文明が発達し、いろいろの便利もある反面、事故や犯罪も多いようなものですね。しかし、一般の運勢としては、故人の言葉に「鯉《こい》、竜門《りゅうもん》に登るの象《しょう》」があります。いわゆる登竜門にあたります。秀才がきそいあつまっている形ですから、入学、就職試験などの意味がありますが、この卦が出たときには、まず合格できるでしょう。サラリーマンには昇給、昇進などがあるときです。

物や人があつまりにぎわうのですから、商売は繁盛し、一般に、豊かにのびのびと進んでいけます。宴会、旅行なども多いときです。また、この卦には地の上に沢があり、お風呂の意味もありますから、温泉とか、裸とかに縁があるようです。

結婚にはいい卦です。喜びあってうまくいくときです。

男女ともに縁談の起こりやすいときですし、話も円満にまとまります。候補者は大勢ありますが、気迷いしたり、ぐずぐずするのはよくありません。しっかりした先輩なり目上の人の意見を聞いて、まとめたほうがいいでしょう。恋人のデートは音楽会、バレーとか、音楽喫茶とか、遠出しては、湖畔の宿とか温泉とかへ行くときです。

*

昭和三十二年に、作家の高木《たかぎ》彬光《あきみつ》氏(推理作家。易者からのすすめで作家生活に入る。処女作『刺青殺人事件』が注目され、その後も科学や経済などの分野に取り組んだ作品を発表。著書に『白昼の死角』『誘拐』『追跡』などがある)がおいでになって、最近、作品上の行きなやみを感じているが、どうすればよいかとたずねられたことがあります。

そのとき、出たのがこの「沢地萃」でした。これは先祖を祭るという意味です。つまり先祖が高木さんを求めているのです。この卦には盛大な、にぎやかなお祭り——会合、酒宴の意味があるのです。お祭りをして、みんなを喜ばせることによって、いろいろめずらしいお話を聞くことができるのです。

「先生は長男として、ご先祖のお墓を祭るべき立場なのに、ずいぶんお参りしておられないでしょう」

「いや、なにしろ仕事が忙しくて」と、高木氏も頭をかかれるのです。

「それはいけません。ぜひ、旧暦の七月中にお参りをなさいまし。かならず、大作のヒントがつかめます」

「萃」には七月という意味があるからです。

「それでは旧暦の七月七日には、郷里でお祭り（青森のねぶた祭り）がありますから、こどもをつれて行ってきます」と先生は素直にいわれました。

そこで先生は、『成吉思汗《ジンギスカン》の秘密』という本のアイデアを得られたのでした。

46

地下にまかれた種（地《ち》風《ふう》升《しょう》）

一粒の麦が地にまかれました。まかれるのは、十一月です。よく整地され、まかれるのです。十二月の終わりごろに、その寒さの中で、薄い黄色い芽をそろそろと出した麦は、一月から二月にかけて土入れされ、麦ふみの時期となり、春が来るとともに分蘖《ぶんけつ》して成育し結実するのです。「升《しょう》」には、地下にまかれた種、という意味があります。そして、これから昇《のぼ》りすすむということです。

「上升」と「上昇」は同じで、上に昇ることです。また「昇格」とは、格式をあげることです。これは、あなたの努力が現実にあらわれた結果をいうのです。だから、この卦のときには、正しく自分の実力、才能を認めてくれる方向へむかって進みなさい、ということです。

芽は土の中から出るでしょう。土そのものが肥沃《ひよく》であれば発育状態をよくし、また太陽の暖かさで成育を早めます。だから、この卦のときには、相手の立場や、その力に左右されるときです。あなたは受け身の立場で従順にしていながら、自分の実力を相手に認めさせる熱意と努力が必要です。

現在のあなたは、希望、計画、アイデアなどは、まだ現実化するには、ほんのちょっと時間があるときです。よほど自分の信念をかたくもっていないと、種がくさって芽が出ないように、せっかくのチャンスをむなしくするおそれがないでもありません。運ばかりねらっていて、実力を養うことを忘れては、もちろん、芽が出るわけがありません。

昇るといっても階段を一段ずつ昇っていくことです。一足とびに躍進するのではありませんが地位の昇進や、昇給の時期も近づいてきつつあるときです。すべてのことは、堅実に、徐々に事を進めるほうがいいのです。

結婚にはひじょうにいい卦です。女性には玉の輿《こし》に乗るような喜びがあります。シンデレラ姫物語のようなものです。若い新婚の奥さんなら、種が芽を出すというのですから、妊娠初期というところですね。とにかくあなたは、一に従い、二に従うような従順さをもっていて、あんがい芯《しん》は強いのです。お料理などは、経済観念が発達しすぎていて味つけもあまりうまくなく、バラエティにもとぼしいうらみがあります。お料理学校へでもかようことですね。

＊

金田正一《かねだしょういち》選手の昭和三十六年の運勢はどうでしょう、とスポーツ記者に問われたのは、まだシーズン開幕まえでした。同年二月のことです。このときの卦が、「地風升」でした。「升」は、昇りすすむという意味です。実力と才能を正しく評価してもらえるほうへ進む運のときです。

「これはよい卦ですね。これからだんだんよくなっていくという意味です。しかし、これは、地下にまかれた種という意味です。

若い新人には、ぴったりの卦ですが、選手生活十年の選手にしては、勝負師らしくない卦ですね。彼は最近、人にいえない気苦労をしているのではないでしょうか。地下にまかれた種は、妊娠と関連がありますからね。しかし、まずまず金田選手としてはとくに悪い運ではありません」

と占いました。その後、週刊誌で、奥さん以外の女性とのあいだにできたこどもの問題をとりあげていたように記憶しています。その年も二十勝をあげましたが、金田選手としては、けっしてすばらしい成果ではなかったようです。

しかし、同じ「地風升」の卦でも、岡田茉莉子《おかだまりこ》さんの場合は、女性だから、判断が少しちがってまいります。これは女性にはもっともよい卦です。まえにも述べたように、「玉の輿」という意味があるのです。思いがけず、よい映画に出演できますね。

彼女にはじめて会ったのは、昭和三十三年の春でした。西久保巴町《にしくぼともえちょう》の日本電子のスタジオでした。第一印象で、これは、まったく女優さんになるために生まれてきたような女性だと思いました。これは、彼女のここしばらくのあいだの女優としての活躍を占ったのです。

この「升」の卦は、若いとき、かなり下積みの苦労をした人が、芽を出すときです。当時の彼女は、相当はなやかに活躍していたときです。それなのに、また「地風升」が出たというのは、彼女としては芸の幅をひろげる苦心をしているのだと思いました。いままでの表面的なものから、内面的なものへの切りかえのときになっているのです。そして、そこから、また新しい芽を出そうとしているときなのです。

「岡田さん。あなたは、じつにすばらしい運をもっていますよ。女優さんとして、これからがほんとうに伸びていくときになっています。三年後にはすばらしい活躍が期待されます」と申しました。

彼女はさっぱりした口調で、「うれしいわね」といって自分のサイン入りの扇を手渡しました。その扇は、まだ、わたくしの手元にあります。その後の彼女の活躍は、すでにみなさんご存じでしょう。

䷮

47

ひびのはいったコップ（沢《たく》水《すい》困《こん》）

「困《こん》」の字は、もともと口《かこい》の中に木があるという字源ですから、鉢の木の感じですね。鉢の中では、木も根を伸ばすこともできず、枝を十分に張ることもできず、苦しまなければならないでしょう。

また形から見ても、口《くち》の中に木が生えたとも見られ、苦しむことは同じです。人間にとっても、そういう状態が、ときにはあることはおわかりでしょう。これも四大難卦の中の一つです。

「困」は、困る、苦しむ、悩むということです。「困厄《こんやく》」「困難」「困苦」など、みな苦しみと悩みを意味しているのです。

この卦の場合は、『易経』の教えとしては、ただ、その困苦欠乏の中にあっても、自分の節操をつらぬき、あくまでも信念を守りとおす心がけが必要です。正しい主張も用いられないときですが、隠忍自重《いんにんじちょう》しなければならない、と書いてありますが、なかなか守るには困難なときです。

いま一つの見方は、沢は水を入れるものです。だから、これをコップと見ます。この卦の形を見ると、コップの下に水があります。コップにひびがはいって水がもれる状態ですから、現実生活はじり貧の状態ですね。よほどの君子でないかぎり、青息吐息をついていて、どうしようもないときなのです。

この卦が出たとき、あなたが女性ならば、自分の生活難や、家庭の事情などから、家を飛び出し、自分から立場をなくしてしまっていることが多いときです。また、初婚にやぶれて、おつとめに出ている女性が、家庭をもっている男性ともつれた関係になり、苦しんでいる状態など考えられます。

その場合、金銭的にも恵まれず、そのうえ、ただ一つたよりにしている愛情さえも、うたがいたくなるほどよりどころのない、孤独な気持ちになり、泣いても泣ききれないことさえあるときです。また、世間の誤解や、風評にたえられず、自分から自分の身を深淵におとし入れる人もないではありません。

あなたが男性の場合は、口でうまいことをいっても、実行力の伴わない性格の人が多いのです。ですから、たとえばイソップ物語に出てくる羊飼いの少年のように、狼《おおかみ》が出たとさわいで人びとをだまし、おもしろがっているうちに、ほんとうに狼に食われてしまうというようなことにもなりかねません。「言あるも信ぜられず」ですね。事業面では、資金難、実力不足のときなのですし、健康面では、お酒の飲みすぎなどで胃腸をいためているときです。こういう不運を打開しようと思ったならば、まず自分自身の気持ちを変えることがたいせつです。つとめて自分自身の気持ちを明るくし、自分の欠点を反省すれば、この困難な状態から、徐々に抜け出すことができます。

*

あるＯＬの方が、ある男性に夢中になって訪ねてこられたことがあります。

この方は、女の目から見れば、趣味もいいし、仕事もてきぱきできて、いいお嬢さんだ

「言あるも信ぜられず」
水はあってもひびがあっては

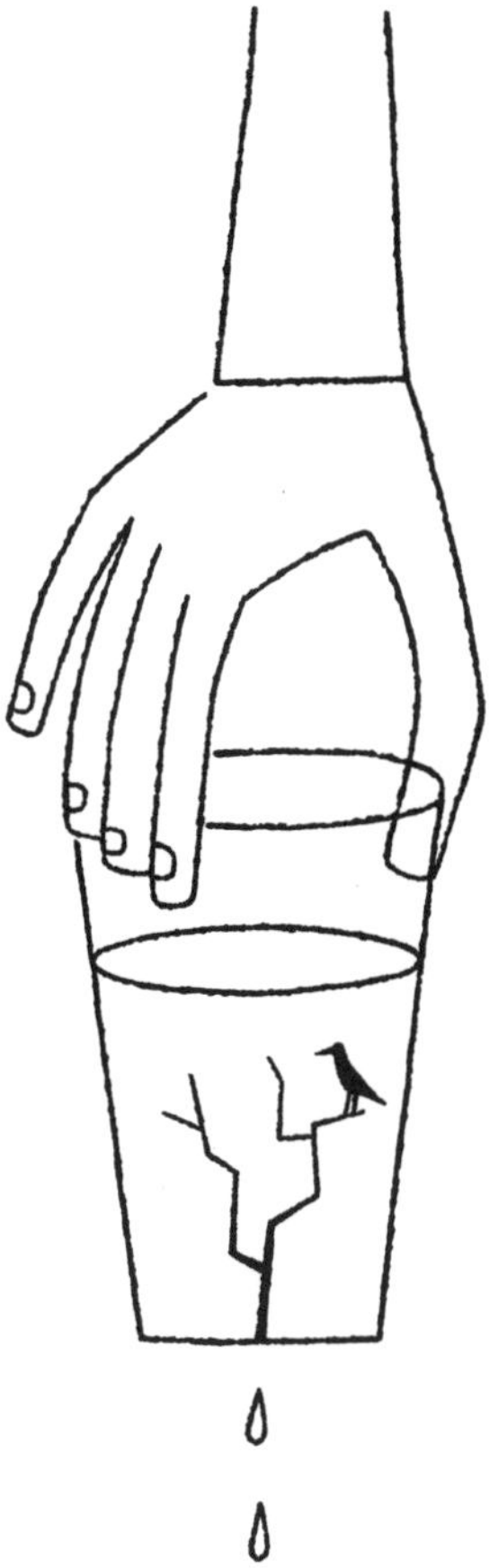

と思われるのですが、ふしぎに結婚運に恵まれず、いままでにも、なんどか、もう少しというところでだめになる、こんな宿命をもった方でした。「困」の卦が出たのも、無理のないことだったかもしれません。

わたくしは、ため息をつきながら申しました。

「いま、あなたが夢中になっておいでの方とは、うまくいかないでしょうね。相手には、ぜんぜん誠意がありませんし、ほかに女性がいますし、といって、その女性ともいっしょにはならないでしょう。どうも、この男の方は、まだ結婚に踏みきる意志はないようですね」

といいますのは、「困」には、この女性が立場を得ていないことがしめされているからです。また、「言あるも信ぜられず」という意味がありますが、これは男性が嘘《うそ》をついており、誠意のないことです。

この方は、人相から見ても、ひじょうにかたい性格なのですが、やはり、こういうひとりぐらしが、ほかの誤解をまねいているのです。

それに、お母さんやお兄さんなどが、真剣に、この方の結婚を考えてあげないのが悪いのですね。「そちらを動かさないかぎり、あなたの縁談はなかなかまとまりませんよ」——とわたくしは申し上げたのでした。

48

旅人をうるおす井戸（水《すい》風《ふう》井《せい》）

「井《せい》」は、井戸です。井戸は日常生活に欠くべからざるものです。古代の村落の文化は、流水のほとり、井戸のまわりに築かれたことでおわかりでしょう。水に恵まれている日本では、さほど感じないことですが、荒野の生活者にとっては、井戸ほどたいせつなものはなかったのです。

村人たちは、共同井戸を中心とした生活ですから、もし、その井戸の水が涸《か》れた場合は、ほかの場所へ新しい水脈を求めて移動しなければならなかったのです。良水を出す水脈を掘りあてたときの喜びは大きかったでしょう。その井戸は、いくら汲《く》んでもつきず、つねに澄みきった水が同じ水位を保つのです。

そこで、また村人たちの新しい生活がはじまります。はるばると旅を続けてきた人たちも、清らかな水にのどをうるおし、旅の疲れをいやすことができるのです。

これが井戸のもっている徳なのです。しかし、井戸水がいくら清らかでも、つるべが破れたり綱が切れたりすれば、せっかくの井戸も役には立ちません。井戸とつるべは切っても切れない仲です。別れたらおたがいに用をなさなくなるのです。だから夫婦関係は、おたがいに別れそうな気配は見せても、行きつ、もどりつ、なかなか離れません。

とにかく、この卦が出たときは、水が日常生活に必要欠くべからざるものですから、汲みあげる努力を忘れてはなりません。井戸の水は汲みあげてこそ、新しい水が湧いてくるのです。自分だけうるおうのでなく、人びとのために奉仕することを忘れてはなりません。また上に立つ人は、いつも部下の労をねぎらい、そのかわきをうるおしてやるようにしなければなりません。

＊

数年前、東京・上野の映画館で宿直の人が殺されたことがありました。

そのとき、わたくしの知っている新聞記者がとんできました。彼は入社して日も浅く、警察《さつ》回りをはじめたばかりだったのです。

まっ青な顔をすっかりこわばらせて、

「先生、はじめて死体を見てきましたが、すごかったですね。上野の映画館で、傷が百十四カ所もあるんです。おかげで飯も食えません。この事件は、いつ解決するんですか。警察では、流しの犯行で、ふたりか三人の犯行だろうといっていました」

それだけ聞いて、わたくしは易を立てました。そのとき、この「水風井」が出たのです。これは井戸とつるべの関係ですから、同じ枠内の往復と見ることができます。

「これは知り合い関係ですよ。それも単独犯行でしょう。どうも、情事問題もからんでいそうですね。まあ、そのへんを洗ってごらんなさい」

「それで、いつごろ解決しますか」

彼は目をぱちぱちさせてたずねました。

「これは知り合い関係ですから、あんがい解決は早いでしょう」

「ほんとうですか」

彼はまだ心配そうでした。

「きょうは、あなたも疲れているから、お酒でも飲んで、ゆっくり体を休めたほうがいいですね。これは飲食に関係のある卦ですから。こんなときはあせるべからずですよ」

と、わたくしは笑いましたが、その同僚が犯人として逮捕されたのは、それから五日目のことでした。易の不思議さに、われとみずから驚いたことでした。

49

町を行く革命の声（沢《たく》火《か》革《かく》）

「革《かく》」は、まず革命を連想なさるでしょう。

「革」はあらたまる、改革ということです。革命、革新、改革などの言葉に使われているとおりです。「革」は、古いものから新しいものに移る過程であり、その改革は正しい道を踏む一つの転機としての変化でなければなりません。

日本では、明治維新です。三百年の徳川幕府が倒れて、立憲君主制度が生まれたのも、戦後の民主政治がはじまったのも、大きな時の流れと人間の力のつくりあげた改革です。フランス革命もまたしかりですね。

しかし『易経』における「革」には、「つくりかわ」という意味もあります。これは、獣の生皮をはいで、加工して、まったく別の形のものに改めることなのです。あるものが、あらたまって別の形態をつくることです。

またこの「革」を四季にとって考えますと、夏に繁茂していた緑の木々も、秋になれば、紅葉し、枯葉となるのが、時の勢いなのです。また動物も、体毛や羽毛がぬけかわって、その時どきの変化に応ずるものです。「革」とは、こういう現象をあらわす卦なのです。

みなさんもご存じでしょうが、「君子豹変《くんしひょうへん》」というのは、『易経』の「沢火革」の中に出ている言葉です。似た文句に「大人虎変《たいじんこへん》」というのがありますが、大人とは王者、君子とは宰相《さいしょう》というちがいがあるのです。君子豹変という言葉は、現在ではだいぶちがった意味の、変節とか、裏切りとかに使われていますが、もともとは、君子が断言したことはまちがいなく実行され、宰相がはっきり命令してしめした行動には、一般民衆が、自分の態度をすばやくあらためて、その方向につきしたがっていくということなのです。

会社などでは、人員整理で古い人が首になり、新しい人が採用されるときです。社全体の方針を変えるにもよいときです。とにかく、あなたにこの卦が出た場合には、自分の一身上のことなり、周囲のことなりで、変化の時期が迫っていることが多いのですし、運も好調で強いのです。

ただ、すべてにつけて、ひとりでやるより、大規模の共同事業のほうが、実益もあがるときです。

結婚問題では、「あらたまる」という意味ですから、初婚はうまくありませんが、再婚ならばうまくいきます。

臨月近い妊婦にこの卦が出たときは、もう間近に赤ちゃんが生まれるときです。もし、ひじょうに病気の重い方なら、生命の危険があるときです。この世があらたまれば、あの世往《ゆ》きですから。しかし、少しでも望みのある方なら、医者を替えるか、大きい病院へ入院して万全の策をつくせば希望が見いだせます。

＊

昭和三十四年の冬至《とうじ》の日に、わたくしは、組閣以来、多難な行路をたどり、いろいろと国民の非難の的になっていた、岸信介《きしのぶすけ》内閣の成り行きと、その命数を占ってみました。

このとき、まえに説明した「困」の卦が出たのです。これは「立場を失う」ということですから行く末が思いやられました。それで、昭和三十五年の二月、節分の日に、その運命を占ったのですが、今度は、この「革」の卦が出たのです。

これは一目瞭然でしょう。「革」はあらたまるという意味ですね。まえに解説しましたとおり、春に芽を出した草木でも、秋には枯葉を落とすような例をお考えになれば、この成り行きも自然とおわかりでしょう。ただ、改革は急激であってはなりません。わたくしは、昭和三十六年七月を政変の時期と見たのですが、あれほどの惨事が伴うとは、さすがに、その直前までわかりませんでした（日米新安保条約を強行採決した岸首相に反対する学生デモ隊が警官隊と衝突。死者と多数の負傷者が出た）。

50 三人の円卓会議（火《か》風《ふう》鼎《てい》）

「鼎《てい》」は、「かなえ」と読みます。三本足で立っているなべのことです。「三者鼎立《ていりつ》」という言葉のように、一つのものを三人でささえあって、ひとりでできないような大きい仕事も、三人ならば、ひじょうな成功を収めることのできるというよい卦です。現在は、すべてのものがととのっていて、安定感、充実感のある状態なのです。

むかしは、天子がこのなべを使って犠牲《いけにえ》の鳥獣を煮て神に供え、あるいは、お客のもてなしに使ったのです。天子が、諸侯や賢臣たちをあつめて、鼎を中心に饗宴《きょうえん》をはり、なごやかな談笑のうちに、おたがいの意見を通じあったわけです。いわゆる円卓会議ですね。「鼎談《ていだん》」という言葉もここから生まれたのです。このように、すべてのことに調和を保ちながらいくのが、人生の秘訣《ひけつ》の一つであることをしめしているわけです。仕事の場合でも、気の合った仲間ができて、調和のとれたトリオを組むとか、地盤と財力と知力と三拍子そろうなど、安定した状態になるでしょう。

また、こういうことから、「すべてがととのう」、または「位が定まる」という意味だともいえます。ですから、結婚にはよい卦です。話はまとまるでしょう。しかし、この卦は、三人の組み合わせですから、結婚後に第二夫人ができないともかぎりません。また、かしこい姑《しゅうとめ》さんがいて、家の中をよく見てくれる場合もあります。しかし、いずれの場合も、かえって調和がとれてうまくいくものです。

＊

森繁久弥《もりしげひさや》さんは、映画に舞台にテレビに、タフな活躍をしております。ある週刊誌の依頼によって、昭和三十六年下半期の仕事運について占って得たのが、この卦でした。昭和三十六年七月三日のことです。

この卦には、位が定まるという意味があります。また三者鼎立、トリオなどの意味は、映画、舞台、テレビで、ますます盛んに活躍することをしめしておりますが、これから判断すると、それだけではなく「鼎」は頭梁運《とうりょううん》もしめしているのです。そこで、わたくしは、彼は森繁一座のようなものをつくるようになるのではないかと思いました。菊田一夫《きくたかずお》さんがやれるなら、オレにだってやれるというところがあります。おそらく十月でしょう。「まさか、……」そのときには、実際には、噂《うわさ》すらなかったのですが、十月に入って、彼が旗揚げをしたことを聞きました。

51

くり返す雷声（震《しん》為《い》雷《らい》）

「雷《らい》」が二つ並んでいます。雷のごろごろ鳴る音をあらわしたものです。

いままで晴れていた空が、曇ると見るまに、いなずまがきらめき、こまくが破れるような雷声がとどろいて、「くわばら、くわばら」といっているまに雷はやがて少しずつ遠のいて、いつのまにか青空となるのです。

雷が通りすぎたあとでは、いままで、がたがたふるえていた人でも、さっきはなぜ、あんなにびくびくしていたのだろうと笑いだすものです。

あなたにこの卦が出た場合、すべてのことにすごく驚かされても、実害は少ないときです。逆にかけ声だけが大きくて、実績があがらないこともありますから、落ち着きをなくしてはいけません。またルーズでもいけません。

たとえば、これは、メーデーの大行進のようなもので、若さと、勢いは満ちあふれています。しかし、大声ばかり出して、ただ計画だおれ、野心だおれにならないように、仕事は沈着堅実に十分計画してかかることが必要です。

結婚についていえば、初婚にはあまりよくありません。「雷」が二つ並んでいるので、二度くり返す意味から再婚にはいいでしょう。

＊

昭和三十五年十二月二十九日、教育テレビの正月番組のために、三十六年のいろいろな問題について占いました。その中に、アメリカとソ連（現在のロシア）のロケット打ち上げ競争というのがありました。ソ連について占って出たのが、この「震為雷」でした。「震」は「ふるい動く」という意味です。それが、ごろごろ鳴る「雷」と重なっているのですから、わたくしは、ソ連は世界に対する示威運動としてロケット打ち上げをしきりに行うと見ました。

また「震」は「音の大きいわりに実害はない」という意味がありますから、これは「生きて帰る」と考えられます。

わたくしは、ソ連の人間衛星の実験はきっと成功するでしょうと話しておきました。その後のガガーリン少佐のお話は、みなさんよくご存じのとおりです（昭和三十六年四月、当時二十七歳だった彼は、人類初の有人宇宙飛行を実現させた）。

びっくり仰天！
でも、実害は意外と少なし

52

つらなる山々（艮為山《ごんいさん》）

「山《さん》」が二つあります。「動かざること山のごとし」といいますね。

これは、欲望に恬淡《てんたん》であり、いいたいことも胸の中にとどめ、山のような高尚な精神と不動の信念をもたなければならないということなのです。

だから、こんなときには、自分を認めてもらおうとか、手柄を立てようとか思ってはいけないときです。自分の立場を考えて、静かに身を守るべき時期なのです。

事業関係でも、協力者を得られないときです。自分のほうから進んでゆけない事情があることを「山」が示しています。山はとどまって動けないからです。

また、長い目で見れば「山」が二つ重なっていることから、「塵《ちり》も積もれば山となる」というように、こつこつ努力すれば、将来は大成するという運勢だといえます。

あなたの結婚がもう内定しているなら、押し進めてください。しかし、これから交渉にかかる段階なら思いとどまったほうがよいのです。

動け動けと、力んでみても無理なこと

＊

東映（現・北海道日本ハムファイターズ）監督の水原茂《みずはらしげる》氏の昭和三十六年のシーズンにおける勝負運を占って、この「艮為山」を得ました。この卦は、若い人のチームにぴったりです。つらなる山々、肩を並べた人びと、いわゆる比肩ということです。

しかし、肩を並べることとは、トップとはいえません。決勝すれすれのところまではいくということなのです。実際、この年はリーグ二位でした。

53 飛びたつ渡り鳥（風《ふう》山《ざん》漸《ぜん》）

「漸《ぜん》」は、行き進むという意味です。順序をもって進むということです。

ちょうど、水鳥が、水面から岩の上へ、それから陸へ、つぎに木の枝へとまり、山の上へ進み、それから、はるかな雲のはてに消えていく順序が『易経』に書かれてあります。季節によって、その生息地を変えていく渡り鳥と見ることもできます。それは、女が自分の故郷を離れて、ほかに嫁《か》していくことにたとえることができるでしょう。飛びたつことによって幸福がつかめるのです。

あなたが、もしプロポーズされたなら、これは良縁ですし、まとまります。また現在、あなたが恋愛中ならば、愛情面では恵まれています。いつまでも、そのままにせずに早く正式にまとめたら、幸福な家庭がつくれるときです。しかし、その際、忘れてはならないのは順序をもって進むということです。

たとえば、わたくしたちの日常の問題で取りあげますと、学校教育ですね。

幸福への旅立ち！

小学校、中学校、高等学校、大学の順序を踏んで、人間が、身体も頭脳も成長、発展するようなものです。

女性もむかしは、結婚のときは、いろいろとむずかしい手続きが必要だったのです。現代では形式的なことは、問題になりませんけれど、やはり一生の大事ですから、順序をもって、ことを進める必要があるでしょう。

男性の既婚者にとっては、飛びたつ渡り鳥は、奥さんのほかに、情事が起きやすいときだということをしめしています。

＊

ペギー葉山《はやま》さん（歌手。ジャズ歌手として活動の後、昭和二十七年『ドミノ』でレコードデビュー。『南国土佐を後にして』が爆発的なヒット。以後、『学生時代』や『ドレミの歌』などもヒットする。四十年、俳優の根上淳《ねがみじゅん》氏と結婚）を占ったのが、昭和三十六年の五月五日でした。「風山漸」でした。

「おやおや、これは国内よりも外地むけという顔ですね。それに飛行機に再三乗るという卦ですが、どういうことかしら」

とわたくしは記者にたずねました。

「いまオーストラリアへ行ってるんです。たしか二度目と思いますが、たいへんもててるようです」

「なるほど、それでわかりました。でも旅行が多いですよ。六、七月ごろに帰国しても、秋ごろには、また外国へ行きそうですね。『風山漸』というのは、渡り鳥の卦です。水鳥が、水ぎわから大空にまい上がっていく卦です。

ペギーさんは歌手として、外国むけに受ける人ですね。この人にこの卦が出たら、再三外地に行くことはもうまちがいありません。しかし、『漸』には『女とつぐに吉』という言葉があります。だから、彼女の結婚の喜びも遠い将来ではないでしょう」

54 王につかえるハレムの女（雷沢帰妹《らいたくきまい》）

「帰妹《きまい》」の、もとの意味は、美しいためにえらばれてハレムに入った女性、あるいは貢《みつ》ぎ物として送られた女性です。このように、正式の手続きを踏まないで、婚交した女性のことをいうのです。ですから「帰妹」は、正式の手続きを踏まず、一時の感情で相求めあっている喜びをあらわしています。

現代的にいえば、情熱のおもむくままに、結婚前に一線を越えた男女です。結婚は、すべてが悪いとはいえませんが、まとまっても最後まで円満にやりとげるには苦労があるときです。恋愛は、情事だけに没頭すれば長続きはしません。

もし、あなたが水商売関係にあれば、いいパトロンにめぐりあえるときです。あなたの運勢を占った場合でしたら、すべてに一歩おくれてついていったほうが結果がよいのです。一時的な感情で、ことを運んではいけません。

ただし、不正、私欲、中途挫折《ざせつ》に注意してください。あなたが職を捜しているなら、パートタイム、臨時雇い、アルバイトなどがいいでしょう。

＊

昨年の夏、知人の紹介で、某流行作家のひとり娘さんの縁談を占ったことがあります。そのときの卦が「雷沢帰妹」でした。

「この卦は、愛人となるには、いい卦ですけれども、正式の結婚にはあまりよくありません。興信所にでもたのんで、もう一度、この男性について、お調べになってはいかがですか。かならずほかの女性がいると思われます。いくらお嬢さんが、夢中になっていらっしゃっても、いまなら取り返しがつきます」

その後、いろいろ調べてみたら、やはり、この男性にはほかに女がいることがわかりました。

55

哀愁の太陽（雷火豊《らいかほう》）

「豊《ほう》」は、ゆたかという意味です。「豊満」「豊麗」「豊潤《ほうじゅん》」など、現在が満ちあふれた、最高点に達した状態をあらわす言葉です。

中天にかかって勢い盛んな太陽も、やがては傾き、こうこうと輝く満月も、やがては欠けて闇夜となるのが、天地自然の現象です。あなたの運勢もそのように、現在はひじょうに盛んなときですが、その後に来たるべき事態をそろそろ考えておいたほうがよいでしょう。一日の仕事はまだ太陽が天上にあるあいだに最善をつくして、かたづけなければならないということです。

君臨している帝王が強力であればあるほど、すべてのものは規模が大きく、はでになりますが、その勢いを持続させるためには、苦心を要するものです。

故人はこの卦を「残花雨を待つの意」と形容していますが、盛んなるものが行きづまって、哀愁をたたえている言葉です。「花の命は短くて苦しきことのみ多かりき」……。

この卦のときは、あなたは、すべてのことに、明確に、即時即決にかたづけるようにすることです。

男女関係についていいますと、まえの「帰妹」の卦は、天地陰陽がまじわって喜びあう男女の姿でしたが、この「豊」は、その結果が実る形です。ですから、女性が妊娠してしまって、その始末を考えなければならない時期です。

このように、ふつうの人にとっては、この卦は衰えはじめる運勢を暗示し、その対策を急がねばならないことをしめしています。しかし、その反面、「豊」はいまを盛りのうるわしさという意味ですから、はでな仕事にたずさわる人にはよいのです。たとえば、芸術、文化、芸能、美術などには、ひじょうによい卦と見てよいでしょう。

＊

昭和三十六年の七月七日に、このころ、巨匠の作品にたてつづけに出演し、演技的にも風格の出てきた岡田茉莉子《おかだまりこ》さんについて占ってみました。

彼女の運勢そのものを占ったのですが、そのとき出たのが、この「雷火豊」でした。これは大きなダリヤが、いまを盛りに咲き乱れている美しさです。とくに、この「豊」の卦のよいところは、文化、芸術、芸能面によいことです。ふつうの人には、はですぎるのですが、芸能にたずさわっている人には、発展性があるのです。

つぎに、彼女の仕事だけについて占ってみました。それは、すでに述べた「風地観」でした。

「観」は、見上げ、見下ろす、という意味があります。事物を観察する意味があります。ということは、彼女自身が、映画のプロデューサーになるのではないかと、わたくしは思いました。

これを総合して見ると、まず運勢はこれから来年にかけて、ますます豊かということになります。みずからプロデューサーとなって、思う存分自分の才能を発揮できるでしょう。

56

不安に満ちた旅人（火山旅《かざんりょ》）

「旅《りょ》」は、文字どおり旅の意味です。

それも一日や二日でなく、旅枕を重ねつつ、山の上の火が、とどまるところなく燃え移るように、長い長い旅路をたどっていく、不安に満ちた旅人の姿です。旅に出れば、だれも知り合いがなく、安定が得がたいものですが、そのように、この卦のときは、なんとなく、さびしさと、不安と苦労がつきまとっているときです。

すべてが完備している現代でも、旅行すれば、なにかと不自由があるもので、自分の家庭にいるような、落ち着いた気持ちになれないものです。

これを現在のあなたの運勢と見た場合、積極的に出ず、あらゆる場合に、受け身の態勢で、柔軟に、時と所に処する態度が必要なのです。

しかし、人は旅行によって、見聞をひろめ、知識を吸収することができるのです。このように、「旅」はいわゆる、研究に成功して学位を取ったり、本を出版して名声をあげた

気負わずに、柔軟な姿勢で旅を楽しむ

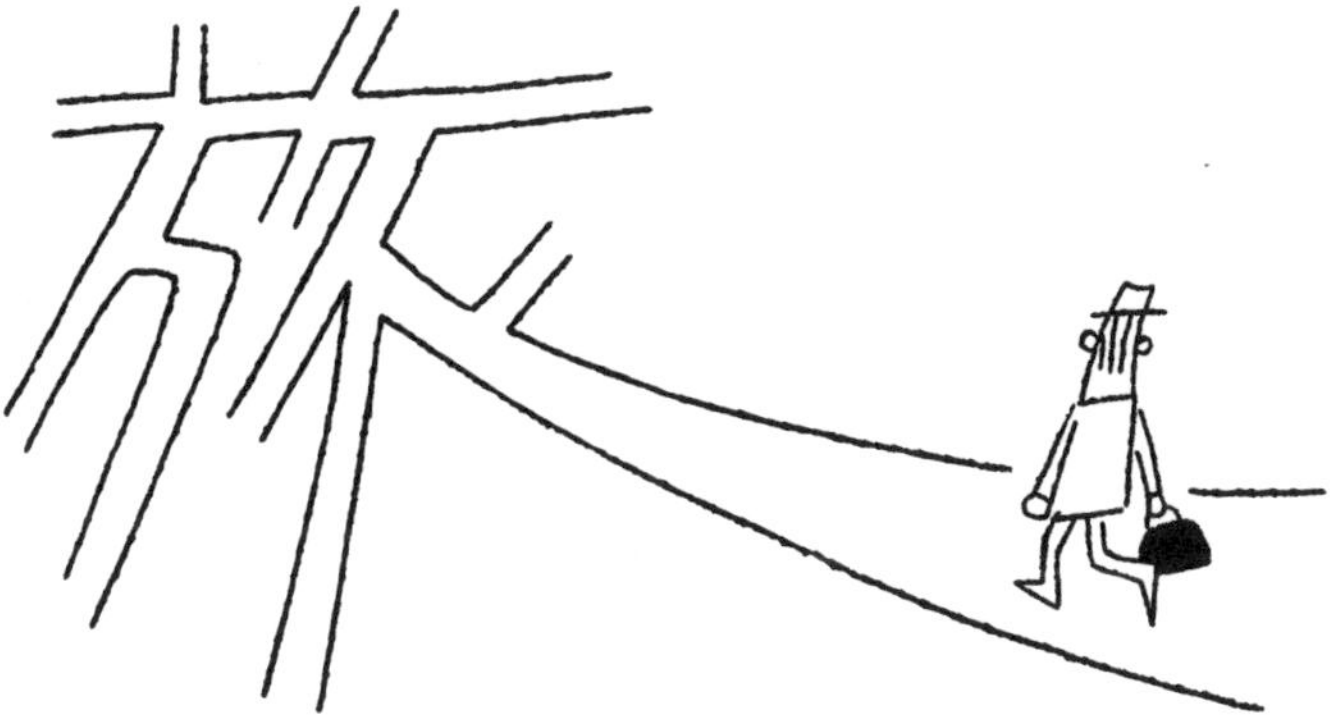

り、有名校に進学する喜びも意味しています。

女性の場合についていいますと、わたくしは、この卦を見て、いつも『たけくらべ』や『にごりえ』で名をあげた樋口一葉《ひぐちいちよう》を思い起こします。小間物の荷を背負いながら、小説の構想を練っていた女の姿、希望を胸にひめながら、さびしく強く生きぬいた女の姿ですね。胸に愛情を燃やしながら、夫婦になれず苦しんでいるさびしい女の宿命が、この卦にはよく見られます。

結婚は、住居や職業などが不安定なために、なかなかまとまりがたい感じです。また、おたがいの心の中に、すみずみまでとけあわない点がのこっていて、進みきれない場合があります。旅先の一夜妻、路傍で拾った恋などは、長続きしないのが当然でしょう。夫婦の場合は、仕事のために心ならずも別居することがあるでしょう。

＊

日本の男性ナンバーワンから、世界の男性スターになった、トシロー・ミフネについて占ったことがあります。

三船敏郎《みふねとしろう》さんを占ったのは昭和三十六年四月七日でした。そのとき出たのが、この「火山旅」です。「旅」は字のしめすごとく旅立ちであることはまえに述べたとおりです。「芸術家にとってはひじょうによい卦です。彼にとってはギャラは問題ではなく、仕事に対する希望と意欲に満ちあふれて出発するでしょう。そして、それによって、彼の名声は、世界的に確固たるものになるでしょう」

これが、そのときのわたくしの判断でしたが、当時は彼のメキシコ行きの契約もまだはっきりしていないときでした。その後、彼が、メキシコでの仕事に成功したことはご存じのとおりです（『価値ある男』原題：Animas Trujano　一九六一（昭和三十六）年ゴールデン・グローブ海外映画賞受賞作品）。わたくしは今後も、彼に海外に発展して活躍するチャンスがたびたび訪れると思います。

57

風に吹かれるタンポポ（巽為風《そんいふう》）

「風《ふう》」が二つ重なっている形です。風が、軽やかにそよそよと吹きめぐる形です。あるときは東から、あるときは西から。稲の穂が風によって実を結び、松の実が種を遠くまで運んでもらい、タンポポの種が白い落下傘のように飛び、植物が風により繁殖していくように、あなたも努力し、周囲のものを利用していけば、あなたの運も目に見えて増えていくときです。

この卦には、出入りとか、したがうという意味があります。自分が主体となって行動するのではなく風のように人にしたがい、時にしたがって、はじめて立場を得るのです。このようなときには、ほかの実力者にしたがうほうがいいでしょう。

しかし、この卦は、日常生活では風が吹きめぐるところから、行きつ戻りつという意味があるのですから、迷いの多いときで、決断を欠くときです。また、隙間風《すきまかぜ》が入りこむということから空巣ねらいにやられるおそれもあります。外出時には戸じまりに十分気をつけてください。またタンポポの種や松の実が風に運ばれ増えることから、物質面から見ますと、市場に商品がたくさん並んでいるところです。

むかしなら、隊商が遠くから運んできためずらしい布地、織物などを市《いち》に並べ、「いらっしゃい、いらっしゃい」とお客を呼んでいる姿です。隊商たちは、この土地でもうけたお金で、その土地の産物を買いあつめて、また遠くの土地へ行くのです。これは風がものを遠くへ運ぶようなものです。「市すれば三倍の商利」のあがるときだと、原典の言葉の中にあります。

結婚は、風のように話がとりとめもなく、まとまりがたいときです。恋人たちも盛んにデートをしていますが、結婚には気迷いの多いときです。なんだか、ほかによい相手が出てきそうな気がするときです。

こんなときには、あなたに決断を与えてくれる年輩者や経験者の意見をよく聞いてください。

＊

ある大新聞の若手記者を占って出たのが、この卦でした。これは風が吹きめぐりながらものをあちこちへ運んでいく卦ですから、ニュースの運び手である新聞記者には、とてもよい卦です。わたくしは「あなたは地方勤務を命ぜられて迷っているのでしょう」といい

風の流れに身をまかせ

ました。その人は「では、やはり、ぼくは地方へ行ったほうがよいのでしょうか」といいます。

「もちろんです。地方に行けば相当の地方手当てがつくと出ています。そのうえ、とくに仕事のうえでよいチャンスに恵まれます。問題は、あなたの決断とファイト一つです。あなたは、心の動揺さえなくすことができれば、そこでの仕事に成功し、上司にみとめられます。そして、ふたたび風の吹きめぐるように本社へ戻り、思いがけない昇進をします」

彼は、その後、地方で、希望に満ちあふれて活躍しております。生活はだいぶ楽になったようです。

䷹

58

笑いころげる少女（兌為沢《だいたく》）

「兌《だ》」は、悦《よろこ》びを意味します。「喜悦」「悦楽」という言葉は、人間の悦びを表現したものです。その悦びは心からのものでなければなりません。

人に接するときにも、穏和で誠実で自分を正しく守らねばならないということです。

これを人間の体でいえば、「兌」は口です。形を見てください。口が二つ重なっているように見えませんか。

あなたが、男性ならば、口先で商売する、セールスマン、保険屋さん、外交官、放送関係者、新聞記者、出版関係者などにはよろしいです。甘い言葉で人をさそうのも口、人を説得するのも口です。

しかし、口は真実を吐露する反面、口舌、口論などの源ともなりますし、不平不満ももらすものです。「口は災いのもと」というのは、たしかにその一面をよく物語っている金言です。

たとえば、困難な仕事をするときは、リーダーが不平不満をいわずに、喜んで自分から進んでやれば、これにしたがう人も、なごやかな気分で仕事にはげむでしょう。ですから、そういうやわらかいムードをつくり出すことによって、ぐちや不平をいわせないようにしむけることが、たいせつだということです。

しかし、現実の世界では、不平不満のない人はいないといってもいいくらいです。だからせめて、おおいに笑うことにつとめましょう。「兌」には、少女とか笑うとかの意味があるのです。少女たちが口をあけて、キャッキャッと笑いころげているところを連想させますね。ちょっとしたことにも、おかしくてたまらない無邪気な表情です。

女性の場合は、だいたい、この卦の出るような人は、小づくりのきゃしゃな体で、愛嬌《あいきょう》があり、人の応対がうまい人です。中年増《ちゅうどしま》なら、清元《きよもと》、常盤津《ときわず》、小唄《こうた》などがうまく、セックスでも殿方を悦ばせる人でしょう。しかし、日常家庭のことで考えますと、口やかましい女たちのために、旦那様が、閉口している感じですね。

恋愛や結婚は、ひとりの男性をふたりの女性が口ぎたなく争っているときです。結婚のあとでは、口舌の争いがつきものですね。ふつうの場合は、甘い言葉だけで実質が伴わないことが多いのです。しかし、再婚の人にはしあわせです。悦びを重ねるからです。

「兌換券《だかんけん》」は、紙幣とか、お札《さつ》のことですね。「兌」は練金された金という意味があります。つまり金貨、小判です。人間だれしも、お金の顔を見て悦ばない人はないでしょう。この卦は、金銭面ではあんがいに豊かなときです。

また「兌」には、印刷の活字の母型という意味がありますから、印刷業者にはよろしいです。

＊

去年の秋のことです。ある新劇の劇団の女優さんを占って出たのが、この卦でした。彼女は、男好きのするなかなかかわいい顔立ちなのですが、芸の面では、伸びなやんでいる状態です。やがて三十にほど近いのですが、これという、決め手となるような役がつかず、将来の方針を、ここで立てなおしたいというのです。

「この卦は、自分も悦び、人も悦ばせる仕事に主力を置いたがよいでしょう。悦びが二つ重なるという意味からいって、仕事を二つもつことですね。ですから、すぐに新劇をやめることはできません。あなたは、口でなんといおうと、新劇に対して未練がたちきれていないのです。といって、あなたは、トップに立てる女優さんではありません。もう一つの仕事は、この卦がかわいらしい若い女の子がたくさんいる形ですから、そういう人を使ってやる仕事、たとえば喫茶店とか、バーとかが、そのものずばりです。そういう仕事をやれば、あなたもうるおい、お客さんも悦ばせることができます」

その後、出資者があって、新宿で小ぢんまりしたお店をひらきましたが、けっこう繁盛しております。

あの子の無邪気な言葉に、
ついついひかれちゃって

䷺

59

波止場を出る船（風《ふう》水《すい》渙《かん》）

春風を帆にいっぱいはらんで、船は新しい大陸に希望を求めて、港を出帆しました。「渙《かん》」は散らすことです。渙散、渙発などという言葉がありますように、内部の鬱血《うっけつ》状態を外へ発散させることです。

一国にこれをたとえますと、人心をつかんで国内の政治が、いちおう落ち着けば、その意欲は外へむかっていくのです。かつてのイギリスが海外に植民地を広げ、それによって国の富を増すことを計ったようなものです。困難はあっても希望を求めての船出なのです。そのことによって、無為な日常から脱却し、心の憂鬱《ゆううつ》からも解放されるのです。

この卦は運の強いときです。いままでの小さい仕事から大きい集団でする仕事への切りかえのときです。

しかし、明るい前途が見えたからといって、気をゆるめたらいけません。海上には、嵐もあれば、波の高いこともあるのです。

あなたが、いままで不運であったなら、挽回策《ばんかいさく》をとる絶好のチャンスが来たと思ってください。あなたが男性ならば、家庭に席の暖まるひまもないくらいに仕事の情熱を燃やしているときです。また、事業家、政治家にもよく見られる卦です。あなたが女性ならば、おおやけの仕事で重要な立場にあるときです。力強い男性を助けることによって、あなたの力も発揮されるときです。しかし、ご主人への感謝といたわりの気持ちを忘れてはなりません。

結婚は、おたがいに仕事に熱中しすぎているときですから、まとまりそうな気配を見せてなかなかラチがあかないときです。しかし、仕事のために婚期をおくらせた女性なら、いい相手に恵まれるチャンスです。

＊

ある政治家を占ったことがあります。その人はまえの選挙で落選したのです。そして、つぎの選挙にそなえて地盤をつくっていました。その人の秘書が来て、当落の予想を聞きました。そして、この卦が出たのです。

「『波止場を出る船』ではありませんか。また、この卦は『易経』の原典に『王は廟《びょう》にいたる』という言葉があります。当選はまちがいありません」

その後は、外交関係のポストをもって、りっぱに代議士として活躍しました。

60 竹が伸びるとき（水沢節《すいたくせつ》）

「節《せつ》」はふしです。竹が伸びるとき、一節一節ずつ伸びていく形です。わたくしたちは日常の生活の中にあっても、節度、節操、節制を保つことがたいせつです。「節」には、限界、限度という意味もあるのです。この卦の場合は、出るのを制してとどまることが、生活の安定には必要なのです。

たとえば、喜びを求めることも、生活を楽しむことも、ほどよくしたほうがいいということですね。「節」も度をすごしますと、観念的になってしまい、自分の理論にこだわり切って動きがとれない状態です。

これはほんとうの意味での正しい「節」ではありません。たとえば、川の水でも、長くよどんでいれば水自体が古くなり、くさってしまいます。わたくしたちの頭も、時と場合に応じて、敏速に回転させなければなりません。

この卦が出た場合には、あなたに誘惑が多いときです。甘い言葉でさそわれたり、好餌《こうじ》を見せつけられても、ほどよくとどまって、やたらに行動を起こすべきではありません。

故人の言葉に、「狐泥中《きつねでいちゅう》を渡るの形」とあります。「水」には、狐とか悩みとかの意味があり、また「沢」は泥、落とし穴、凹地と見ることができます。全体を狐が泥の中に足をつっこんで、ぬきさしならない状態と考えることができるのです。

ですから、こんなとき、事業などでは出費だおれになってお金が返らなかったり、情けを仇《あだ》にして返されたりするおそれがあるときです。

また、あなたは健康にも注意しなければならないときです。「節」は、節度を守れということですから、食べすぎ、飲みすぎに気をつけてください。器物に水のたまっている形ですから、胃に酒がたまって消化されていない、胃下垂《いかすい》の傾向などが見られますね。

これでよいのは結婚です。おたがいに節操を尊ぶというのですから、良縁ですね。しかし、いちおう相手を調査してからにしてください。夫婦関係は、あるべきところに水のある形ですから、不満もないときです。

しかし「君子もって数度を制し」と『易経』にあるのは、あまりたびたび行うときは、疲れやすいので、流出するのを節約せよということでしょう。

恋人たちは、もうすでに結婚まえの準備期間です。ともかく、早く正式の手続きを踏んでください。すばらしい結婚生活をエンジョイすることです。

＊

この本を書くとき、わたくしはN君というK大の学生さんにお手伝いをしてもらいました。N君も最初は占いなんぞとばかにしていたのですが、解説が進むにつれて、だんだん真剣になってきて、『易経《えききよう》』というものが、これほど深遠なものとは思っていなかったと告白するのです。

そして、自分でも友だちのことを占いはじめたというのでした。

「先生、ぼくの友人がカメラをほしがっていまして、ぼくに、おやじが金を出してくれるかどうか、占ってくれというのですよ」

「それで、なにが出ましたか」

「六枚の銅貨を使って占ったのですが、出たのはちょうど、この『節』の卦でした」

「それで、あなたはどう判断しましたか」

「『節』は竹の一節、一節ですから、いっぺんには目的がかなわないと見たのです。ははあ、これは月賦《げっぷ》だなと思いました。『月払いとか、分割払いとかならなんとかなるよ。おやじさんに礼をつくして、ていねいに手紙でたのんでみろよ』といってやったんです」

わたくしも笑いだしました。

「ほんの短い期間なのに、よくそこまで上達しましたね。このつぎには、もっとすばらしい判断を聞かせてください」

この友だちは、それから数日して、新品のカメラをクレジットで手に入れたようでした。

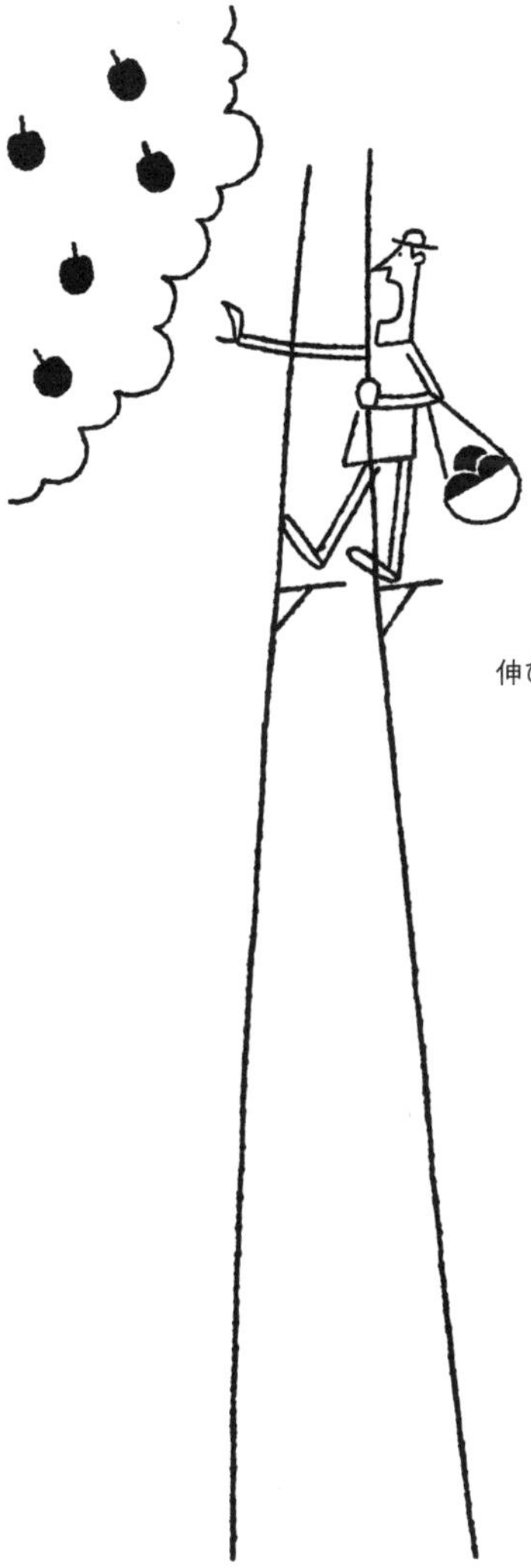

伸びすぎるのも、ご用心！

61

卵を抱く親鳥（風《ふう》沢《たく》中《ちゅう》孚《ふ》）

「中孚《ちゅうふ》」とは、まことということです。「孚」とは、爪《つめ》と、子とを組み合わせてできた文字ですね。親鳥が爪のあいだに、卵を抱いている形です。だれからも強いられなくても、親鳥がこどもをかえし育てるのは、自然の姿であり、真剣で倦《う》むことを知らない親の真心のあらわれです。「孵化《ふか》」は卵を爪で抱いて、生まれるまであたためることをいうのです。

鳥の卵は、外側の殻はうすく、中の黄身がゆらゆらしています。とり落とせば、すぐこわれてしまうものですから、取り扱いには慎重さが必要です。しかし、卵をあたためて、ひな鳥にかえすこともできるときですから、あなたの誠実と努力によって、成功を収めるときです。

人事関係では、親鳥と子鳥が、むつみあうように、性格、性質のちがった人びとが、おたがいに胸襟《きょうきん》を開いて、誠意をつくしあってやる共同事業など理想的です。

男女関係についていえば、この「中孚」は、典型的な相思相愛の卦です。だから、幸田《こうだ》露伴《ろはん》も「中孚」を接吻《せっぷん》の形といっています。なるほど、形を見れば上と下とから、おたがいに口をつけあっている感じですね。熱烈な愛情の表現です。

東洋では、接吻は最近の風習に思われているようですが、じつは、むかしから、東洋でも、こんな愛情のあらわし方があったかと思うと『易経』もなかなかすみにおけませんね。愛情の面は、これだけでおわかりになるでしょう。

願望はそれこそ、真実一路に求めればととのうときです。しかし、日常のことでは、情事に没頭するあまり、うっかり卵を落として手ぬかりが生じやすいときです。

＊

知人の紹介で、M商事につとめている二十七歳の青年が訪ねてこられ、結婚を占ったときのことです。

「先生、わたくしには、A子、B子のふたりの結婚したい女性がいます。どちらと結婚したらよいでしょうか」

わたくしは、筮《ぜい》をとり、A子については「風沢中孚」、B子については、「雷天大壮」の卦を得ました。

「あなたは、A子さんとは熱烈な恋愛中ですね。相当進んだ仲でありながら、あなたはまだ、ご両親にも、打ち明けていませんね。

B子さんのほうは、目上の人からのお話でしょう。これは物質と地位に恵まれることをしめしています。しかし、女が主導権をとる家庭と出ていますから、あなたは養子のような形をとるのではありませんか」

「そうです。同じ会社の部長さんの娘で、結婚すれば、同じ家の庭に家を建ててもらい、いっしょに住むことになっています」

「『中孚』は、早くまとめたら、仲のよい円満な家庭をつくり、幸福に暮らすことができる卦です。そのためには、人目を忍ぶ仲ではいけません。目上の人に早くご相談しなさい。それにくらべて、『大壮』という卦は物質面は豊かで、出世もできますが、精神的には、ぴったりとしないことがあるでしょう。わたくしとしては、A子さんをおすすめしますが、どちらを選ぶかは、あなたがお決めください」

その後、この青年からは、なんの便りもありません。ただ人づてに、大阪の支店に栄転したというようなことを聞きました。

62

背をむけたふたり（雷山小過《らいざんしょうか》）

「過酷」は、きびし過ぎる、「過剰」は、ありあまり過ぎる、「過食」は、食い過ぎるなど、すべて限度を越えた言葉です。「小過《しょうか》」は少し過ぎるということです。だから日常のことにも高慢な態度をとるより謙遜《けんそん》の徳を守ったほうが、より効果的であり、用心し、相手をうやまい過ぎるくらい尊敬し、約束の時間より早過ぎるくらい急いで到着し、ときにはけちといわれるくらい節約してこそ、すべてに手落ちがないときです。

この卦は度を越した行動が災害をまねくときですから、自分の実力以上のものを望むとか、とても力のおよばない相手と争ったりして破綻《はたん》を生じるときなのです。むかしの人は、この卦を、「門前に兵あること」といって災いを避けるようにつとめていました。

現在のあなたは時期を失っているときです。また、事業面でも、過失をしていることもあるときです。もとは熱烈に愛しあう恋人同士だったのに現在は仲たがいしている状態です。おたがいが、あまり自己を主張し過ぎるからです。夫婦間でも、おたがいが生活や家庭の問題で悩みが多く、背中あわせになっています。形を見ればわかるでしょう。精神的にとけあわぬ状態です。

＊

岸内閣時代、社会党内部がごたごたしていたとき、西尾末広《にしおすえひろ》氏の今後の社会党における立場を問われました。そのときの西尾氏は、党内では微妙な立場にありました。

そのとき出たのが「雷山小過」でした。

「これは、おたがいが背中あわせという意味です。党内の勢力が二分されて、まさつを起こしているときですね。社会党に長くとどまれないときという意味ですから、今年中に脱党するでしょう」

「では、やはり新党をつくるつもりでしょうか」

新党結成を占って、「火天大有」が出ました。

「これは、天上に輝ける火ということなのですから、スローガンをかかげるということですね。きっと彼は希望に燃えて、新しい自分の道を開くでしょう」

やはり、その年のうちに脱党し、翌年の二月に新党をつくりました。わたくしが、このことを占ったのは九月二十三日でした。しかし、その後の民社党の勢力の伸びが思わしくないのは、新党結成がいささか度を越した行動だったからでしょう。

63 功成り名とげた人（水《すい》火《か》既《き》済《さい》）

「既《き》済《さい》」とは、すでに成る、ことごとくととのうという意味です。すべてととのったあとの整理整頓《せいとん》の時期ですから、現状をかたく守って、これより以上の大事をくわだててはなりません。ただ、無事平穏のときには、とかく気がゆるみやすくなり、つい油断してまちがいを生じるものです。はじめはうまくまとまっていることでも、あとでは手落ちを生じやすいのですから、十分注意なさってください。

この卦は陰と陽とのバランスが、かわりばんこでよくととのっています。そういう意味では、『易経』の中で、いちばん正しい形を得ている卦だといえましょう。しかし、世の中は、たえず循環しているものですから、いいことがいつまでも続くとはいえません。現状を維持するということにも、やはり相当の苦労が伴うものです。

いちおう功成り名とげた形ですが、そのことにいつまでも甘えていてはいけません。といって、新しい計画に手を出したり、実力に過ぎた野心を起こしたりするときでもないのです。

結婚はまとまりますし、仲もよいのです。最後までしあわせを保つためには、おたがいに慎しみ守る気持ちがたいせつなのです。

夫婦としては、陰陽が立場を得ていますから、外見も実質も不足のない組み合わせです。ただ、現状を維持せよというのは、維持しがたいという含みがありますから、その点は十分気をつけてください。

しかし、現実面では、おたがいに満足しあっていながら、不満をぶつけあっている感じがないでもありません。それは、この場合には、両方ともに、なかなかかしこいからです。男性には考えるかしこさ、女性には見るかしこさがあるのです。ご主人がトリックでだまそうとしても、奥さんにすぐ見やぶられるでしょう。もうこうなると、高等戦術の分野になってきます。

恋人とか、未婚者の場合には、もう説明の必要がなさそうです。すでにととのっているのに、あなた方は、なにをもたもたしているのですか。早く正式に家庭をおもちなさい。

64
海上の朝日（火水未済《かすいびさい》）

「未済《びさい》」とは、いまだととのわずということです。まえの「既済」とは反対に、陰陽は相応じてバランスをとっているのですが、その位置がぜんぜん反対ですから、立場を得ていないのです。しかし、これから発奮努力すれば、今後の進歩は期して待つべきでしょう。

時運に恵まれず、立場を得ないのですから、時期が来るまで、無理をしてはいけないということです。しかし、立場はなくても、陰陽が応じあっているのですから、手がかりはあるときです。けっして悲観してはいけません。といって、もともと実力不足なのですから、いいかげんな見通しを立てたり、ものごとを甘く見たりしてはいけません。

こういうときは、どうしてもひじょうに気あせりするものですが、これもまた、夜明けのまえの一刻をひじょうに長く感じるようなものですから、気をゆるめてひと眠りしたら、寝すごしてしまうでしょう。

はじめは、ととのいにくそうに見えることでも、こつこつと準備工作をするのが肝心です。それには対人関係を円満にして、自分の立場を得るように努力しなければならないときです。

結婚もはじめは、なかなかまとまりがたいのですが、だんだんとおたがいに理解しあってきて、しまいにはうまくいくでしょう。

しかし立場が転倒しているところから見て、お嫁さんに来てほしいと申しこんだのに、むこうから、お婿《むこ》さんになってもらいたいといわれるように、すべて逆転しやすいときです。「未済は男子の窮《きわまり》なり」と『易経』にありますが、この場合には主導権が奥さんにある家庭が多く、旦那様はきゅうきゅうのときです。

たとえば、女房が家つきの娘で財産があったり、共かせぎで、奥さんのほうがサラリーが多かったり、ひどいときには、男が失業し

夜が明けると、太陽はグングンのぼっていきます！

ていて、養われていることもあります。

女性はいつも、宿命的といっていいくらい、男性をリードしなければならない立場にあるのです。結婚しても主導権をもっていて、実家に縁の深い立場にありますね。そのため、ご主人は養子的な存在のことが多いのです。

この卦は、すべてにつけて、若い意味がありますから、これから運勢の伸びていくときです。そして陰陽のバランスがとれていますから、すべてに手がかりが得られます。はっきり目標を見つめて、熱心に努力してください。

運勢一般について見ますと、この「未済」の形は、海上の朝日といえます。水の上に、太陽がのぼりはじめたところですね。まだ日の光は弱くても、希望はさしはじめたではあ

りませんか。これから徐々に明るさを増し、ものみなすべて活動をはじめるときです。見方を変えれば、七福神の宝船が、はるかかなたの波間に姿をあらわしたところです。ただ、人生の荒波を切りぬけて、夢と希望を満載したこの宝船にたどりつけるかどうかは、あなたの誠心と努力にかかっているのです。

『易経』では、ものみなすべてととのった「既済」を最後に置かず、未完の象徴といえるようなこの「未済」の一卦を、六十四卦の最後に置いたところに、わたくしは古代の聖人の叡知《えいち》を感じるのです。

人は生まれ、人は死に、人は行き、また来たり、無数の人びとの喜怒哀楽のあいだに、人生はその無限の歩みを続けていきます。

「わが恋の終わらざるごとく、この曲もまた終わらざるべし」

とは、楽聖シューベルトが、名曲『未完成交響曲』の最後に書きしるしたといわれる言葉ですが、わたくしはいま、「この人生の終わらざるごとく、『易経』もまた終わらざるべし」と申します。数千年まえにつくりあげられたこの大古典は、今日の人生に、そのまま応用してもあやまらないほど、烈々たる生命力にあふれているのです。

新装版あとがき

平成十五年の夏、のんびりと余生を送っている老人の私に、一通の手紙が舞いこんできました。私は、見知らぬ人からの手紙を「なんだろう……」と思って読んでみました。それは私が、まだ自分の人生の将来に情熱をもち、『易経』の研究に全身全霊を傾けていたころ、周囲の好意ある人びとのおかげで出版され、昭和三十七年のベストセラーとなった『易入門』の再出版の依頼でした。

私は、易が特殊な専門家のものだけでなく、幸福になろうとするすべての人びとのものであるようにとの信念から、その本を執筆いたしました。

私を世に送り出すことにもなった、その本の再出版の依頼――ふたたび世の中のお役に立つことができればという想いで、私の身体が熱くなりました。しかし、また一方で、発展途上時の昭和三十年代の人びとが、この本を受け入れてくれたように、あれから四十年以上もたっている今日の日本の人びとが、『易入門』に興味をもって読んでくれるのだろうかと、不安も頭をかすめました。

手紙の依頼からしばらくして、私の孫のような出版社の編集部の方が会いに来てくださいました。そして、私の不安に対し、なぜ再出版したいのか、素直な自分の気持ちを語ってくれました。

「父親の形見のようにしてこの本から学んできたという方から、私はずっと易を見てもらっていました。そして、自分でもこの本の現物とようやく出合えて読むことができたとき、その奥深い解釈に胸がふくらむ思いがしたものです。

むずかしい『易経』を、私たちに身近な例をあげながら説いてくれる文章は、人生の相談役として、いまの読者の生活の中にも取りこんでいけるのではないでしょうか？

また、先生が採用されている事例も、この本が出版されたころの時代背景がわかり、なんの抵抗もありません。易そのものに興味をもっている人びとは大勢いると思います」

その言葉を聞いて、私はたいへんうれしく思いました。

いまもむかしも、時代が変わっても、人間の生活に変わりはありません。生まれてから死を迎えるまで、時代の影響はあるでしょうが、少しでも自分の運をよくしようと思って努力すれば、自然としあわせが来るでしょう。

幸福や喜び――それは、あなた自身が「思うこと」「感じること」です。

人間は未来に夢を託しつつ、来る日も来る日も、新しいカレンダーをめくりながら過ごしています。しかし、昨日は今日にはなりませんし、明日に希望を求めて今日一日を十分に充実させることができれば、悩みや悲しみの入りこむ隙間などありません。

どうぞ、この本を、あなたの「よかった！」捜しに、お役立てください。

平成十六年　二月

黄 小娥

《新装版に寄せて》

本書は、一九六一（昭和三十六）年に光文社より出版された『易入門』の表記、表現などを著者の許可を得て一部改訂したものです。

易の実際の神秘と解釈の妙味を感じていただくために、敢えて刊行当時の事例も収録しました。

昭和の一時代に起きた事件や話題になった個人・団体など、ご記憶にない点については注釈をご参照のうえ、社会の流れ、歴史の流れ、そして黄女史の眼力の確かさを実感、ご堪能ください。

黄小娥（こう・しょうが）

一九一三年生まれ。昭和三十年代に、「謎の美人易者」として彗星のごとくあらわれ、その深い洞察力と驚異的な的中率で各界に多大な影響を与え、支持者を得た。コイン六枚で、自分でできる易占いを紹介した名著『易入門』は一世を風靡、難解な『易経』をわかりやすくかみ砕き、身近な生活の中の問題になぞらえた内容は、人生の指南書として多くの人に愛読された。「黄小娥」というその名は、月の中に棲む伝説の小さな女性、という意味だそうである。

黄小娥の易入門

二〇〇四年四月三十日　初版発行
二〇二五年一月三十日　第十四刷発行

著者　黄小娥
発行人　黒川精一
発行所　株式会社サンマーク出版
〒一六九—〇〇七四
東京都新宿区北新宿二—二一—一
電話　〇三—五三四八—七八〇〇
印刷・製本　中央精版印刷株式会社

ISBN978-4-7631-9580-7 C0076
ホームページ　http://www.sunmark.co.jp